Gestão Participativa
e
Equipes de Alto Desempenho

J. Messias Hakme

DEDICATÓRIA

À minha esposa **Maria Catarina Lemos Hakme,** minha gratidão pelo apoio em minha carreira profissional, cuidando da família em minhas ausências e incentivando-me a lutar nos momentos difíceis.

A meus filhos **Kleper Lemos Hakme** e **Keila Lemos Hakme** por praticar os valores sociais e familiares, servindo de exemplo para outros, como bons profissionais que são, pelo incentivo e ajuda na redação e edição deste livro.

AGRADECIMENTOS

Bolivar Santiago da Silveira, meu primeiro chefe e orientador profissional.

Reinaldo Ushisima, por todos os ensinamentos que recebi sobre "Qualidade Total", pelo apoio incondicional sobre os trabalhos que realizei, pela difusão de minhas qualidades profissionais e pela ampliação do meu relacionamento com outras empresas e profissionais.

Aloysio de Andrade Faria, pelos ensinamentos de liderança, pelo respeito pelas pessoas, preocupação com o sentimento de seus empregados e pelos exemplos de ética.

Paulo Guilherme Monteiro Lobato Ribeiro e **Flamarion Josué Nunes,** pelos exemplos de gestão, pelo apoio nas dificuldades de relacionamento com outros profissionais, pelo apoio e incentivos na minha carreira profissional.

Celso Antunes da Costa, pelos exemplos de liderança e gestão, pela confiança ncondicional nas minhas decisões e pelo impulso na minha carreira profissional.

Luiz Rogério Felipack, Renato Cesar Mascaretti, Antonio Carlos Bueno, Edison Costa e **Modesto Zeringota,** pelos exemplos de liderança.

Pedro de Jesus Oliveira, Newton Hoffman, Angelo Sartori, Andréa Pereira, Paulo Cesar da Rocha Dias, Almir Campos, Taylor Carvalho, Marli Albiero e minha colega **Nancy Okano,** pelo apoio, dedicação e empenho, nos trabalhos de testes sobre gestão participativa.

BIBLIOGRAFIA

Walton, Mary Método Deming na Prática Editora Campus Ltda. 1992. Tradução do "Deming Management at Work".

W.Edwards Deming Qualidade a revolução da administração Editora Marques Saraiva 1990. Tradução do "Out of the crisis"

ÍNDICE

PREFÁCIO	1
1. INTRODUÇÃO	4
Equipe deixa de ser um simples grupo de trabalho e passa a atuar de forma sinérgica, participativa, integrada e coesa.	4
Cuidar das pessoas.	6
Atuação das equipes altera os resultados.	7
Cuidados especiais	9
Os ensinamentos deixados por Deming	9
Mudar o método de gestão é fácil ou difícil?	10
Sistema de comunicação	11
A energia invisível que move as empresas está nos sentimentos de seus empregados	11
A empresa ideal	12
A produtividade e a qualidade dependem do ambiente de trabalho	13
As técnicas e ferramentas são importantes, mas dependerão da aceitação das pessoas.	14
Outros temas importantes para reflexão	14
2. LÍDERES	15
Líder compartilha as responsabilidades e os resultados, portanto difere do chefe.	15
Líder é comparado a um maestro	15
As funções de um líder	15
Atuação do Líder	17
Atitudes de um líder	18
A importância da visão de futuro	19
Respeitar e tratar as pessoas como pessoas	21
O líder deve praticar o diálogo	22
Inimigos da comunicação	23
Líder diz às pessoas "o que", "porque" e "quando" e não "como" fazer.	25
Líder ouve, questiona os pontos negativos, não sugere, não critica a sugestão.	25
O líder não aceita as devoluções de responsabilidade	26
Atuar nas causas de reclamações internas	27
Estimular o espírito de equipe, combatendo o individualismo e a competição interna.	28
Autopercepção do erro ou da dívida leva à autopunição e correção	29
Preparar os liderados para conhecer o grau de contribuição do trabalho deles	30
Aproveitar as habilidades das pessoas	31
Pensamento positivo eleva o moral da equipe e atrai resultado positivo	31
Equilibrar o pensamento racional com o pensamento emocional	32
Conhecer as diferenças de seus liderados	32
Atuar no início de eventual conflito amenizando seu impacto	33
Não permitir apropriação das ideias dos outros.	34
Não esconder fatos que afetará a equipe	36

Estimular as atitudes de solidariedade e o trabalho partilhado 36

3. EQUIPES SINÉRGICAS 38
Preparação das equipes para o novo método de gestão. 38
Equipes sinérgicas atuam como o elo de uma corrente ultrapassando limites 39
Exemplos de equipes. 40
Postura das equipes diante de problemas e mudanças 41
Processo de sinergia entre as equipes através do feedback constante 42
Entusiasmo é bom, mas cuidado com a euforia. 44
Cuidado com efeitos negativos em filmes, palestras e material escrito. 45
O que poderá ajudar na motivação 46
Fase de preparação da equipe - planejamento 47
Fase de atividades iniciais, em reuniões de curta duração. 48
Evolução da equipe 49
Reuniões na Empresa! São importantes? 50
Condições para produtividade da reunião 51
Cuidado com os comportamentos desagregadores nas reuniões 52

4. MUDANÇAS QUE OCORRERÃO COM O NOVO MÉTODO 54
Equilíbrio e ajustes automáticos 54
Participação das decisões 54
Treinamento na função 54
Achatamento das hierarquias 54
Redução da pressão das entidades de classe 55
Redução ou redirecionamento dos departamentos 55
Mudança da visão 55
Recomendações importantes sobre a gestão participativa 55

5. PREPARAÇÃO PARA MUDANÇA 57
Empregados detestam mudanças. 57
Conscientização sobre a necessidade de atividade do ser humano e o trabalho. 58
Conscientização sobre a necessidade de enfrentar os desafios com serenidade; 59
Análise da função transformadora do ser humano sobre o mundo 59
Análise da evolução do homem atuando em grupos desde nossos ancestrais 60
A capacidade do ser humano 60
Diferenças básicas entre Chefiar e Liderar (só para os líderes); 61
Análise sobre os sentimentos e as ações e reações das pessoas 62
Análise sobre o pensamento positivo e o negativo; 62
Análise sobre as diferenças entre dialogar e comunicar; 63
Análise sobre o ato de ouvir e escutar; 63
Análise entre somar e dividir esforços; 64
Análise sobre as diferentes atitudes das pessoas, que ajudam na soma dos esforços; 64
Análise sobre o convívio social dos membros de uma equipe; 65
Análise sobre as técnicas e ferramentas de trabalho; 65

Material de reforço	65
Estar preparado para enfrentar resistências	66
A responsabilidade do dirigente máximo	66
Começar no lugar certo	67
O processo de avaliação e premiação	67
Substituição os chefes por líderes	69
Definições que devem partir da cúpula da empresa	70

6. OS SENTIMENTOS REGULAM A MOTIVAÇÃO DAS PESSOAS — 73
O efeito dos sentimentos sobre o trabalho, na família e na sociedade. 73

Afetividade	74
Criatividade	75
Humanidade e Justiça	76
Respeito	76
Responsabilidade	77
Solidariedade	78
Utilidade	78

7. DIFERENÇAS ENTRE GESTÃO PARTICIPATIVA E COMPETITIVA — 80

Qual dos dois métodos é mais fácil para o corpo diretivo gerir a empresa	80
Gestão Participativa	80
Gestão Competitiva (Através de Objetivos – MBO)	83

8. A EMPRESA IDEAL — 88

Empresários, empregados e governantes desejam uma empresa ideal.	88
Os desejos dos governantes	89
A responsabilidade dos governantes	89
Os desejos dos empresários	90
A responsabilidade dos empresários	90
Os anseios dos empregados	90
A responsabilidade dos empregados	91
É utopia pensar que não há problemas internos na empresa.	91
A difícil tarefa de definir as políticas de recursos humanos	92
A empresa é impessoal, o que a representa são os empregados.	92
A empresa ideal é possível, mas depende de um método de gestão coerente.	93

9. REFLEXÃO SOBRE A GESTÃO EMPRESARIAL — 94

Ressalva sobre os comentários a respeito da gestão empresarial e dirigentes	94
O método de gestão e suas mutações	94
A saúde da Empresa	96
As ações e reações dos empregados podem gerar efeito positivo ou negativo	96
Cuidado com programas de sugestões ou novas ideias, funcionário do mês e outros.	97
O "Corpo Diretivo" regula a participação positiva ou negativa dos empregados	99

A miopia sobre o método de gestão participativa 99
Atuação nas causas de problemas 99
Ser humano difere do animal falando e pensando, e ainda ativa os sentimentos. 100
Os elogios e as críticas afetam as pessoas 100
Cuidados especiais com o apontamento de um erro ou ao cobrar algo 101
A empresa não pode ficar dependente do empresário 103
A punição nem sempre conduz para um resultado positivo 104
Comunicação vertical é mensagem e horizontal é diálogo 104
Avaliação individual não contribui para os resultados 105
Os empregados trabalham para o chefe e não para a empresa 105
Exige-se colaboração, mas estimula-se o individualismo. 106
Premia-se para desmotivar 106
Deseja-se um líder, mas estimulam-se as atitudes de chefe. 106
Desprezam-se as condições invisíveis que impulsionam as pessoas 107
A responsabilidade não se dá, se tem, porque é um sentimento que vem do íntimo. 107
Morosidade nas decisões gera custos elevados 108
A obsessão pela qualidade e produtividade 108
Falta análise das habilidades das pessoas 109
O medo é o maior inimigo das empresas 110
Falta de habilidade no gerenciamento das despesas 113
Má utilização do "Serviço de Atendimento ao Cliente – SAC" 115
Empregados denigrem a imagem da empresa por deficiência nas relações de trabalho 116
Fornecedores de serviços podem causar problemas para a imagem da empresa 117

10. QUALIDADE E PRODUTIVIDADE 118
Todos devem estar envolvidos com a qualidade e produtividade 118
A importância das informações 118
As técnicas e ferramentas, se usadas com sabedoria, são importantes na melhoria. 120
Filosofia ou Programa de qualidade e com produtividade 121
Alicerces da filosofia da qualidade com produtividade 122
Conceito de qualidade com produtividade 123
Consciência pela qualidade 124
A "Qualidade Total" combateu o "efeito" e não a "causa" da má qualidade. 125

11. AS DIFERENÇAS ENTRE AS PESSOAS 126
Para trabalharmos em harmonia com outras pessoas temos que conhecê-las 126
Temperamentos difíceis e maus hábitos 126
Características (personalidade, temperamento ou hábito). 127

12. TÉCNICAS E FERRAMENTAS USADAS NA MELHORIA DO TRABALHO 130
Aceitação das técnicas e ferramentas 130

Técnicas que podem ser consideradas como abandonadas 130
Gestão Participativa (técnica e não método). 130
Organização do ambiente de trabalho 5S em Japonês ou Housekeeping em Inglês 131
O QUE, PORQUE, QUEM, ONDE, QUANDO e COMO (5W e 1H em Inglês). 134
Planejar, Desenvolver, Controlar, Aperfeiçoar PDCA 135
Espinha de Peixe usado na investigação do ocorrido (Diagrama de Causa e Efeito) 137
Times da Qualidade (para atuar em assuntos ou problemas complexos) 138
Equipes Sinérgicas (Células Multifuncionais) 139
Estoque mínimo (Just in Time) 139
Organização dos problemas por ordem de importância (Gráfico de Pareto) 140
Catalogação de Informações sobre o Produto (QFD Quality Function Deployment) 140

13. A EVOLUÇÃO NOS MÉTODOS DE GESTÃO 142
Gestão antes da revolução industrial 142
Gestão a partir da revolução industrial 142
Gestão participativa 143

14. A EVOLUÇÃO DA GESTÃO PARTICIPATIVA 144
Análise das causas das dificuldades para implantar a "Qualidade Total" 144
Conclusão sobre as causas de dificuldades para implantar "Qualidade Total" 146
A busca de parceiros para testar a solução 148
A gestão participativa agindo 148
O que é bom para uma empresa e empregados tem o momento certo para ser implantado 149

PREFÁCIO

Embora as pessoas possam estar trabalhando agrupadas, não quer dizer que estão atuando como equipe. Os métodos de administração ou gestão sofreram mudanças ao longo dos anos, entretanto prevalece o trabalho individualizado, o que resulta numa competição entre as pessoas, por isso o método de gestão é chamado de competitiva.

Para o trabalho em equipe o foco é a **equipe** e não o **indivíduo**. O método de administraçao ou gestão, também será participativa e não a competitiva.

No método de gestão participativa, o grupo atua sob a gestão de um líder, em sinergia, ou seja, participativos, integrados e coesos. A metas, objetivos, avaliações e premiações recaem sobre a equipe. Neste método há mudança comportamental de todos empregados, e prevalece a solidariedade e a colaboração. Os dirigentes atuam com liderança e cuidados com os sentimentos dos empregados. Não há necessidade de subterfúgios para melhorar ambiente interno. A equipe fará a sua própria avaliação para descobrir as causas da boa ou má performance e fazer os ajustes necessários.

No método de gestão competitiva, onde o grupo atua sob a gestão de um chefe, que fixa metas, objetivos, avaliações e premiações individuais, não conseguem atuar como equipe. Neste método prevalece individualismo e as competições internas, que bloqueia as atitudes de solidariedade e colaboração, não há combate ao negativismo ou pessimismo, faltando cuidados com disciplina fazendo punições injustas, usa de subterfúgios para melhorar o ambiente interno: promovendo festas, churrascos, atividades de euforias ou qualquer outro recurso externo que não ajudam no ambiente interno no dia-a-dia.

Na administração participativa conhecida como gestão participativa, a governabilidade e o desempenho da empresa melhoram muito e será importante atender aos seguintes requisitos básicos abaixo:

Dirigentes com atitudes e "espírito de liderança";

Empregados e a cadeia empresarial, incluindo os fornecedores e os prestadores de serviços (terceirizados), devem atuar de forma sinérgica, ou seja, participativos, integrados, coesos;

Envolver os **fornecedores** *nas soluções dos problemas;*

Ouvir os **clientes** *para a melhoria da qualidade e da produtividade.*

Sabemos que o trabalho faz bem às pessoas, o que faz mal, são: os atritos, as discórdias, as preocupações, as mágoas e os sentimentos negativos. Então é importante ter a preocupação com os sentimentos dos empregados, combater qualquer individualismo ou competição interna, dar condições para a busca constante de melhoria da qualidade e aumento da produtividade, permitir que os membros das equipes passem a gerir seus próprios trabalhos, de forma a se sentirem responsáveis por tudo, o tempo todo e, assim, terem o direito de orgulhar-se daquilo que fazem. Assim, será possível a mudança comportamental de todos.

A pequena, média ou grande empresa enfrenta inúmeras dificuldades, todavia as pessoas que ali trabalham podem ajudar muito na redução ou eliminação dos obstáculos.

A empresa ideal é aquela que pratica uma gestão participativa, onde todos trabalham unidos em pensamentos e atitudes, contribuindo para a evolução da empresa e na transformação do mundo para melhor.

Não confundir gestão participativa com determinadas atividades, em que a gestão pública atua com a participação da comunidade. A participação neste caso é a atuação de todos na gestão da empresa, portanto não se trata das teorias comunista, socialista ou qualquer outra.

Na gestão participativa a sustentação concentra-se na base da pirâmide, numa posição de melhor equilíbrio. Na gestão competitiva, tudo depende do topo da pirâmide organizacional, numa posição de difícil equilíbrio.

Os comentários e relatos deste trabalho são frutos das observações e experiências no decorrer de minha carreira profissional, outros casos são confidências de pessoas que trabalham ou trabalharam em empresas que visitei no Brasil e no exterior.

Uma gestão não sobrevive somente com dirigentes eficientes, que sabem comandar. É importante conhecer tudo que envolve uma gestão; como lidar com pessoas, como elas pensam e agem, o que é a qualidade com produtividade, conhecer todos os meandros de uma gestão.

Procurei manter a discrição, não citando nomes de pessoas ou empresas, porque considero antiético.

Espero que outros profissionais contribuam para a melhoria no ambiente de trabalho.

Desejo boa sorte ao leitor.

J. Messias Hakme

1. INTRODUÇÃO

Os métodos de gestão evoluíram, assim como os produtos, as ferramentas, as técnicas e até a maneira de pensar e agir do ser humano.

Há estranheza quando mencionamos "treinar os clientes" ou "fornecedor deve estagiar na empresa e vice-versa". Os bancos só aumentaram o uso dos caixas automáticos treinando os clientes. O fornecedor conhecendo tudo sobre os problemas, reclamações, a montagem, desmontagem e defeitos de um produto, poderá contribuir para a melhoria e maior produtividade.

Para a adoção de uma gestão participativa necessita alterar conceitos.
Trocar o Chefe por um Líder - é necessário mudar a postura, a maneira de atuar alterando radicalmente suas ações e atitudes.
Todos empregados deixam de ser meramente executores, passem a gerir seu trabalho e contribuir na gestão da empresa.
Adotar a forma de trabalho através de equipes, atuando de forma participativa, integrada e coesa.
Todos os fornecedores e prestadores de serviços participem junto às equipes, na busca de soluções para a melhoria da produtividade e qualidade.
Ouvir sempre os clientes para melhorar a qualidade.
Preparar todos os empregados para uma mudança comportamental. Mudando a maneira de ver o trabalho, incentivando a solidariedade e colaboração, alterando as relações interpessoais com comunicação saudável, a mudança de postura diante das várias situações anômalas e principalmente visualizando as pessoas como humanos, com seus sentimentos, defeitos e qualidades.

Equipe deixa de ser um simples grupo de trabalho e passa a atuar de forma sinérgica, participativa, integrada e coesa.

Várias pessoas trabalhando, sob a mesma coordenação ou sem coordenação, denominamos de "equipe", porém, nem sempre estão atuando sob a forma de equipe, é simplesmente um "grupo de trabalho".

Visando conseguir uma sinergia total na empresa ou num grupo empresarial, além das pessoas as equipes também devem trabalhar de forma participativa, integrada e coesa[1]. As empresas têm buscado incessantemente por esta forma trabalho, mas é raro conseguir algum avanço nesse sentido.

A causa do insucesso está centrada no método de gestão adotado.

Para mudar de gestão competitiva para participativa, pressupõe um ambiente de trabalho favorável à participação. Os membros das equipes e inter equipes, devem atuar de forma sinérgica, ou seja: participativos, integrados e coesos. Mas é somente isto? Não, porque para conseguir essa forma de atuação, dependerá de mudanças no ambiente de trabalho e não é tão fácil quanto parece. Há regras nocivas que provocam boicotes, irresponsabilidades, inércia diante dos problemas e desintegração das equipes. Os tradicionais métodos bloqueiam a participação dos empregados na gestão da empresa. A forma de comando provoca reações contra a empresa de forma direta ou subliminar.

As regras mais nocivas são aquelas que estimulam a irresponsabilidade e bloqueiam qualquer chance de sucesso no "trabalho em equipe". As mais utilizadas são: *"determina-se e cumpra-se"*, oriunda do modelo escravocrata, *"ordens foram feitas para serem cumpridas e não questionadas"*, do modelo militar e *"a competição interna é saudável"*, da gestão competitiva.

As políticas gerenciais, adotadas no método de gestão competitiva, sobrecarregam os chefes, pois sendo responsáveis por tudo, suas atitudes não favorecem a participação dos subordinados na gestão. Não é raro perceber trabalhadores inertes, irresponsáveis e improdutivos. Para compensar a sobrecarga, os chefes recebem muito poder, tornando-os donos do destino de seus subordinados, que passam a trabalhar para ele e não para a empresa. Por falta de tempo ou habilidade de liderança, agem com atitudes inadequadas nas relações de comando, ferem os sentimentos dos subordinados que passam a reagir contra a empresa.

---

[1] Integração e coesão são diferentes. Faça exercício, primeiro a integração entrelaçando os dedos das mãos e sem desfazer gire os dedos fazendo a coesão.

Qualquer animal acuado reage de forma violenta contra seu agressor, e quando tratado de forma amigável reage de forma integrada. Não são necessários muitos detalhes, porque há muito material no mercado sobre as reações dos animais, tais como, cães, cavalos, pássaros, etc. O ser humano também reage, mas de forma subliminar através de seus sentimentos[2].

Quando se fala em equipes integradas, entenda-se que a equipe situada no início da cadeia empresarial deve trabalhar com a participação das demais equipes da empresa, até o final da cadeia. É a partir daí que se consegue a sinergia. Por exemplo, a equipe de "pesquisa e design" ao reformular ou desenvolver um novo produto, deve ter a participação de "operações", "contabilidade", "vendas", "entregas" e "assistência técnica interna e externa". Uma boa venda sempre será aquela em que há a participação de toda empresa. Aí sim haverá motivação, porque quão agradável é ouvir elogios a um produto, que houve a participação do mais simples operário.

Cuidar das pessoas.

Não se trata de descartar tudo da "gestão através de objetivos", porque há partes importantes naquele método, que foram e continuam sendo úteis para a gestão empresarial.

São requisitos básicos a motivação das pessoas, alterando a relação interpessoal, então a integração, a coesão, o espírito participativo, serão também alterados.

Não há uma receita mágica, são várias mudanças que geram alterações comportamentais nos empregados de uma empresa. Melhorando a forma de gerir, as pessoas passam a atuar com maior prazer pelo trabalho, de forma participativa, integrada e coesa, mais responsáveis e eficientes.

São requisitos básicos: atuar na melhoria dos sentimentos dos empregados, elevar os sentimentos positivos[2], estimular o trabalho participativo, integrado e coeso, combater o individualismo, mudar as políticas gerenciais visando valorizar o trabalho em equipe, enfim atuar direcionado para os anseios e desejos dos empresários e empregados[3].

---

[2] Há um capítulo sobre os sentimentos das pessoas.
[3] Há um capítulo sobre anseios dos Empresários e desejos dos Empregados.

O individualismo é o maior obstáculo ao trabalho em equipe, seguido da falta de liderança. Várias entidades de sucesso combatem veementemente a competição interna, principalmente os times de futebol, frentes de trabalho nas entidades religiosas, outras entidades filantrópicas ou sem fins lucrativos. Pense nos resultados, se os jogadores de um time de futebol, começassem uma competição interna.

Motivação não se consegue com "ações sem compromisso" tais como: festas, mensagens, *banners, folders* e vídeos. Estes recursos não acionam os sentimentos positivos das pessoas, só provocam euforia temporária e às vezes atitudes desordenadas. As mudanças de atitude no relacionamento interno, o diálogo, a demonstração de respeito pelas pessoas, a redistribuição de responsabilidades, são ações com maior impacto na motivação dos empregados, porque atuam diretamente em seus sentimentos.

As políticas gerenciais da empresa devem ser alteradas, no que tange aos sistemas metas, avaliação e premiação, combatendo o individualismo e valorizando as equipes. O comprometimento, as decisões, a avaliação e premiação, ou seja, toda a responsabilidade pela prestação de contas, deve recair sobre a equipe e não mais sobre o chefe. O chefe de antes, responsável por tudo, agora será analisado como líder, sendo corresponsável pelos resultados e responsável pela eficiência de sua equipe. Têm-se todos os ingredientes para a paz no trabalho. O sistema de objetivos, agora, terá novo enfoque, porque passa a ser utilizado como uma ferramenta, onde as equipes participam da elaboração.

Atuação das equipes altera os resultados.

Trocando o chefe por um líder melhora, pois haverá maior atuação na gestão de pessoas. O chefe acaba executando todo o trabalho de gestão, ou seja, toma todas as decisões, define todas as atividades (até as mais banais), faz o planejamento de trabalho, gerencia os controles, acompanha as atividades, atua na solução dos problemas, controla o sistema de avaliação e premiação. Sem gerir adequadamente a força de trabalho, aumenta a improdutividade e reduz a qualidade.

Os empregados atuando em equipe mudam completamente suas atitudes, no relacionamento com a empresa. Passarão a atuar nas causas dos problemas e na evolução da empresa.

Custos serão reduzidos, porque:

Haverá menos troca da força de trabalho, portanto os custos com novas contratações, com as demissões e treinamentos de novos empregados, serão minimizados.

Redução dos custos de controles para segurar as burlas aos sistemas, as manipulações de números, as fraudes e desvios internos.

Com menos desperdício, porque sendo responsáveis pelos resultados, as compras serão feitas baseadas na eficiência, conseguida através da sinergia entre o "departamento de compras", os demais departamentos da empresa, os fornecedores e consumidores.

Os empregados estando atentos aos resultados, não se omitirão mais diante de situações prejudiciais à empresa, atuarão de forma a obter maiores e melhores resultados, além de aumentar a competitividade externa pela redução do custo do produto.

As reações negativas serão atenuadas, principalmente as reclamações e clamores sobre a carga de trabalho e os baixos salários, a improdutividade sob a forma de má vontade e indisposição, as fofocas sobre supostas injustiças e vários outros argumentos negativos.

O nível hierárquico poderá ser bem menor, achatando a pirâmide do organograma, isto porque o sistema de acompanhamento dos resultados permite unificar departamentos, que antes estavam separados, com a finalidade de melhorar o controle sobre as pessoas.

A disputa pelo poder será mínima, justamente em função da distribuição das responsabilidades e da necessidade de coesão entre as equipes, para obtenção dos resultados.

O medo será menor. Mais confiantes e tranquilas, as pessoas passam a atuar naquilo que está provocando os problemas, consequentemente conseguem maior eficiência e a performance melhora.

Aumenta a produtividade, porque com menor turnover, os empregados produtivos não terão que interromper o trabalho para treinar os novatos.

Cuidados especiais

As empresas que buscaram migrar da gestão competitiva para participativa, mesclando-as, não lograram êxito porque, os 2 métodos são antagônicos.

Para implantar um método de gestão participativa, três fases devem ser executadas em sequência.
Primeira, será a mudança comportamental dos chefes, para que passem a atuar como líderes.
Segunda, será a preparação das equipes para a conscientização sobre o trabalho, sobre a solidariedade para conseguir a sinergia, e a importância da serenidade para resolver os problemas.
Terceira, o líder irá despertar em seus liderados, a necessidade de novos aprendizados e novas tecnologias, para conseguir maior performance. Assim, haverá maior evolução dos empregados, porque motivados e entusiasmados buscam novas técnicas e ferramentas espontaneamente, como forma de desenvolvimento. Iniciam-se as atividades de uma maneira simples, sem alarde e há um crescimento gradativo, até se chegar às equipes sinérgicas e, num estágio mais avançado, usando tecnologias sofisticadas, consegue-se atingir a alta performance.

Os ensinamentos deixados por Deming

A partir de 1950, no Japão, William Edwards **Deming** falava sobre a utilização racional dos recursos humanos, utilizando os conhecimentos dos operários para resolver os problemas de qualidade e produtividade.

Deming concentrou todo seu esforço, falando sobre a importância do homem no mundo dos negócios, principalmente aquelas pessoas esquecidas pelo mundo moderno, ou seja, o operário mais simples. As ideias dos operários, consideradas verdadeiras minas de ouro, eram desprezadas porque estavam encobertas pelos chefes.

Os 14 pontos e os 7 erros fatais, deixados por **Deming**, são os itens que causavam problemas nas empresas. O que ele descobriu, foi uma insatisfação dos empregados com o próprio trabalho, que os levava a criar barreiras internas através de burocracias, de burlas aos procedimentos, de boicotes contra a empresa, de atritos internos por ciúmes e dos indevidos clamores por justiça.

Percebe-se agora, que os ensinamentos não foram interpretados adequadamente. Ao invés de mudar o método de gestão, para melhorar o ambiente de trabalho, os executivos criaram várias técnicas: TQM, Gestão Participativa, TQC, GQT como se fosse um método de gestão, criaram ferramentas: CCQ (Círculos de Controle de Qualidade), Times da Qualidade (equipes para analisar e solucionar problemas). Mas as técnicas e ferramentas somente serão úteis se forem utilizadas espontaneamente e com consciência de seus benefícios num ambiente de trabalho participativo.

Mudar o método de gestão é fácil ou difícil?

O grau de dificuldade dependerá da situação em que a empresa se encontra. O primeiro fator será o tamanho da empresa e a forma como ela está estruturada. O segundo será a predisposição do alto escalão da empresa, aceitar o novo método de gestão e atuar com liderança.

Será mais difícil:
Nas grandes empresas nacionais ou multinacionais, porque não será possível mudar tudo ao mesmo tempo.
Nas empresas com gestão fatiada, ou seja, com vários dirigentes com a mesma autonomia, porque neste caso a liderança empresarial não estará presente.
Nas empresas multinacionais que sejam dependentes da matriz, porque faltará autonomia para fazer os ajustes necessários, saneando os pontos discordantes.
Na empresa com vários dirigentes da mesma família, porque neste caso os subordinados, não terão o respeito profissional pela capacidade de liderança de seus dirigentes, prevalecendo o medo.
Nas empresas com dificuldades financeiras para investir na melhoria estrutural, porque a falta de recursos dificultará as soluções aos problemas, quando as equipes forem buscar alternativas para erradicá-los.

Será mais fácil:
Nas empresas com uma estrutura mais racional e haja valorização do espírito de liderança.
Nas empresas com certa independência da empresa Holding e

onde a prestação de contas for medida pelos resultados.

Em qualquer das situações, será facilitado, onde o espírito de liderança for maior, principalmente no alto escalão da empresa, e também, onde a situação financeira permita fazer ajustes.

Este é um bom tema para a Governança Corporativa das empresas.

Sistema de comunicação

A comunicação, se não for usada adequadamente, poderá provocar estragos irreversíveis. A deficiência da comunicação interna, muitas vezes, causa aumento nos custos dos produtos, má definição dos processos e sistemas, retrabalhos, improdutividade, má qualidade, desperdícios e até perda de clientes.

Portanto, para usar a comunicação interna com mais eficiência, é necessário praticar o diálogo, que é o meio mais eficiente para motivar as pessoas. As normas e procedimentos devem ser diretrizes, mais como recomendação e menos proibição, para não constituir uma "camisa de força" ou um "manual à prova de burro" evitando travar soluções e criatividade.

A energia invisível que move as empresas está nos sentimentos de seus empregados

O desenvolvimento das empresas depende das pessoas que a compõe, pois, cada pessoa age com maior ou menor disposição, dependendo da situação de seus sentimentos positivos[4].

Sabemos que a grande diferença entre o ser humano e o animal, está na capacidade de PENSAR e FALAR. Essa atividade do ser humano resulta em 3 situações no trabalho:
Pensar e falar ativa os sentimentos das pessoas[5]. *Começam aí as buscas de maior produtividade e melhor qualidade, mais cuidados com o trabalho, preocupação com custos e atuação participativa.*
Quando as pessoas trabalham participando das decisões que

---

[4] Ver capítulo "Sentimentos" onde estão listados os principais sentimentos.
[5] Maslow já citava as necessidades visíveis em sua "Teoria das Necessidades" (1954). Mas aqui citamos as necessidades invisíveis.

afetam seu trabalho, falando e pensando, os sentimentos positivos inerentes ao ser humano são ativados, aumentando a motivação pelo que faz e assim obtém-se melhores resultados. Por outro lado, qualquer pessoa só admite seu erro, quando pensa e fala. Se dissermos que ela errou, a primeira reação é sempre negar e seu sentimento interior a levará a revoltar-se. Mas, se deixarmos que pense e fale, essa atividade a levará à análise dos fatos e admita o erro, seu sentimento a conduzirá para uma autopunição[6], que a levará a reparar o erro e procurar aceitar ajuda para eliminar as causas.

Trabalhadores devem ser agentes de mudança e não meros expectadores, os recursos humanos são movidos pelos sentimentos que comandam suas ações e reações.

O êxito na competição entre empresas está na capacidade das pessoas, saberem gerir os recursos e obter os melhores resultados. Para gerir os recursos temos que conhecê-los. Se por um lado procuramos conhecer bem os recursos materiais, tecnológicos e financeiros, quando se trata de recursos humanos, o conhecimento se torna superficial.

Há um termo muito utilizado no Brasil: "vestir a camisa da empresa". As pessoas quando estão com os sentimentos positivos ativados, sentem-se usando a camisa da empresa na passarela, mas quando estes sentimentos são negativos, elas se recusam a vesti-la, porque percebem que estarão usando uma "camisa de força".

Portanto os recursos humanos são diferentes dos demais recursos, porque tem um componente que os distingue dos demais, que é o sentimento, menosprezar este componente é colocar a empresa em risco.

A empresa ideal

São os desejos dos empresários e os anseios dos empregados, que navegam rumo a uma empresa ideal, mas é necessário um método de gestão que propicie atingi-lo.

Empresas tem dificuldades para enfrentar a concorrência. São poucas empresas que perduram por muito tempo. Além dos

---

[6] Autopunição ocorre através do raciocínio fazendo uma espécie de auditoria em sua consciência.

eventos externos que afetam as empresas, os mercados, as legislações, o mercado financeiro, elas são afetadas também pelos eventos internos, ou seja, a situação de estabilidade e a capacidade de gerir os recursos.

Quando alguém resolve investir seu capital em alguma atividade nova, não tem nenhuma dificuldade no início. Mas ao longo do tempo, para fazer a empresa crescer, dependerá de uma boa gestão dos recursos existentes e uma situação interna equilibrada. Os recursos materiais, se não forem utilizados com zelo e cuidado, poderão deteriorar-se rapidamente. Os recursos tecnológicos dependem da vontade das pessoas, de pesquisar, conhecer novos métodos de trabalho e novas ferramentas. Os financeiros dependem da produtividade, do não desperdício e da capacidade de gerir os processos. O equilíbrio interno dependerá da atuação dos líderes e dos cuidados com os sentimentos das pessoas.

O método de gestão participativa tem todos os requisitos para conhecer as pessoas e assim gerir melhor os recursos humanos, este, por sua vez, fará a gestão dos outros recursos com maior eficiência e a empresa funcionará com menos distúrbios internos.

A produtividade e a qualidade dependem do ambiente de trabalho

Todos buscam maior produtividade, melhor qualidade e redução de custos. Entretanto para atingir todos estes requisitos será necessário o envolvimento de todos, e muito prazer no trabalho.

Os empregados transmitem seus sentimentos, sobre a empresa, no relacionamento com os clientes e fornecedores. Os clientes visualizam as empresas através dos empregados, são como espelhos. Os outdoors, suntuosidade das instalações e as propagandas, não conseguem encobrir as deficiências internas. Portanto, é necessária a adoção de um método de gestão, que estimule os sentimentos positivos de seus empregados e também gere uma confiança mútua. É através de uma comunicação transparente, sem mentiras aos clientes e sem burlas aos fornecedores, que os empregados passam a ter confiança na empresa em que trabalham e transmitam segurança nos negócios aos clientes e fornecedores.

As técnicas e ferramentas são importantes, mas dependerão da aceitação das pessoas.

As empresas sempre buscaram alternativas para melhorar o desempenho e os resultados, através das técnicas e ferramentas. Mas os empregados devem sentir a necessidade deles e conheçam a sua finalidade e seus benefícios.

O aumento da produtividade, melhoria da qualidade, solução dos problemas e melhor desempenho, começam a obter resultados, a partir do momento, em que os empregados sentem as necessidades e estejam preparados para a utilização das técnicas e ferramentas.

Outros temas importantes para reflexão

Qual a "Diferença entre a Gestão Participativa e a Competitiva", ver capítulo especifico;

Sobre a "Empresa Ideal", como pensam os empregados, os empresários e os governantes, ver capítulo especifico;

A "Reflexão sobre a Gestão Empresarial", o que ocorre dentro de uma Empresa, ver capítulo especifico;

Sobre a "Qualidade e a Produtividade", como envolver os empregados para conseguir alcançar alto desempenho, ver capítulo especifico.

2. LÍDERES

Líder compartilha as responsabilidades e os resultados, portanto difere do chefe.

Escolher líderes através de histórico da atuação com atributos de liderança. Controles, preparação de relatórios e outros afazeres, serão distribuídos entre os liderados. Não tendo tanto trabalho para executar, dedicará mais atenção às pessoas.
Menos estressado, atuará com atitudes adequadas à função de liderança.
Atua nos locais onde as coisas estão acontecendo, mantendo contato com fornecedores e clientes, internos e externos. Estará atento aos resultados.

Líder é comparado a um maestro

Liderança é maestria, não usa fórmulas complexas, técnicas miraculosas, poder de coerção e ações mirabolantes para demonstrar capacidade. A qualidade e a produtividade são resultados de sua liderança.

Atuando com maestria, conduz seus liderados e consegue resultados surpreendentes através da habilidade no relacionamento com as pessoas. É admirado e respeitado por suas atitudes e exemplos.

Usa o passado como exemplo, o presente como realidade e busca um futuro desejável. Envolve as pessoas sem manipulá-las, junta as diversas habilidades de seus liderados em prol do objetivo comum; ouve atentamente e abstendo a dar sugestões usa os questionamentos, redirecionando todos para o objetivo comum.

As funções de um líder

O líder deve atuar com o mínimo de execução, tendo como função as atividades de:
Coordenar;
Dialogar;
Representar a equipe;
Prestar contas dos resultados em nome da equipe;
Conseguir os recursos necessários;

*Manter a equipe alinhada aos objetivos da empresa.
Manter um relacionamento com as equipes parceiras, de maneira que haja sinergia.
Trabalhar com fatos, ou seja, através de dados ou ocorrências comprováveis, não julgando as pessoas ou seus os atos através de boatos.
Analisar os fatos como se fosse empresário e não como mero empregado.*

O ser humano necessita falar e pensar, para ativar seus sentimentos positivos. O líder deve atuar justamente neste ponto, aproveitando o potencial do ser humano, que é a sua inteligência, em grande parte inexplorada. Para tanto, é necessário ter um bom conhecimento sobre relações humanas:
*Saber aproveitar as diferenças entre as pessoas;
Descobrir e saber utilizar as habilidades individuais;
Saber reduzir os conflitos entre seus liderados;
Combater o uso de ideias alheias;
Estimular o trabalho partilhado;
Não aceitar a devolução de responsabilidades;
Saber dialogar com as pessoas;
Saber aconselhar as pessoas;
Ter atitudes coerentes com sua função de líder;
Usar o exemplo como apoio para convencer as pessoas, mas evitar compará-las.*

Deve ser um **catalisador** de energia:
*Na integração e coesão da equipe;
No treinamento através do próprio exercício da função;
Na eliminação de causas de problemas;
No intercâmbio entre as outras equipes.*

A transformação de chefe em líder deve ocorrer à medida que:

Não diz "como" fazer	Diz "o que, quando e porque" fazer;
Não sugere	Ouve as sugestões;
Não critica as sugestões	Questiona pontos negativos da sugestão;
Não reassume as responsabilidades	Devolve as responsabilidades;
Não nega reclamações	Atua no combate as causas das reclamações;
Não aponta erros das pessoas	Aponta os problemas causados;
Não considera dono das pessoas	Coordena as ações entre as pessoas;
Não estimula o individualismo	Estimula o espirito de equipe;
Não pressiona	Conscientiza, convence;
Não menospreza as pessoas	Aflora os sentimentos positivos.

Atuação do Líder

O líder é coerente em suas atitudes, faz convergir, os desejos do empresário e anseios dos empregados para o mesmo rumo.

Não concorda com tudo e sabe conduzir as adversidades, convergindo para os interesses do empresário e dos empregados.

Não determina, substitui a imposição pela persuasão, troca obediência por envolvimento, ouve as pessoas e conhece suas individualidades, sabe elogiar sem deixá-las com sentimento de insubstituíveis.

Admite que os erros e o riscos fazem parte do jogo, mas não deixa que a irresponsabilidade fique sem punição.

Não faz promessas, evitando assim desestímulo criado por expectativas, que nem sempre serão cumpridas.

Enfim, o líder é aquele que vai além do "toque no coração",

atinge a "alma das pessoas" através do sentimento.

Abstêm da execução, pois é uma atividade dos liderados, pois quem executa fica sem visão do ambiente de comando. Para não perder o controle do comando e estar agindo com liderança, a atitude correta, será a dar apoio à equipe em suas necessidades. Empregados ociosos, dispersos e fofocando é sinal de falta de liderança.

O líder também deve cuidar de seus sentimentos pessoais, evitando apadrinhar algum comandado. Abster-se de atitudes que crie ou demonstre um clima de preferência, não parabenizando ou sendo favorável a esta ou àquela pessoa.

O líder estará sempre numa posição de destaque, sendo monitorado em sua maneira de se expressar, de agir, de se vestir e, principalmente em seus exemplos. Dar exemplos primeiro para depois cobrar atitudes de seus comandados.

Atitudes de um líder

Um líder deve ser coerente em suas atitudes ou postura. Perante seus liderados não deve ocorrer um cochilo, bocejo, desvio do olhar, leitura ou anotações e principalmente a perda de sintonia do assunto. Não estando em sintonia, dirá o que não deve e não será respeitado.

Eventualmente, quando o líder não conseguir dar a devida atenção aos seus liderados deve comunicá-los, porque há situações anômalas, tais como, problemas de saúde, insônia, uso de medicamentos, problemas familiares e outros eventos. Se isto se tornar rotina o líder perderá sua condição de liderança.

O líder deve ser coerente em suas atitudes, não pode dizer uma coisa e praticar outra, assim deve reforçar a confiança de seus comandados sobre si, para tanto deve estar sempre atento à finalidade da sua função, assim:

Está sempre atento aos pontos fracos da equipe, agindo rapidamente a qualquer sintoma de negativismo, desânimo, atritos, discórdia, injustiças, falta de solidariedade, irresponsabilidade, falta de respeito, medo, críticas, exageros, morosidade e outros pontos que atrapalha a equipe.
Monitora as informações necessárias à sua área de trabalho, conhecendo todo o sistema em que está envolvido.

Identifica-se com a figura de empreendedor, que se preocupa com a inovação.
Está sempre em contato com os clientes e fornecedores internos ou externos. Sabe que necessita ouvir os clientes para atendê-los além das necessidades. Trabalha em sintonia com seu fornecedor, visando atingir o objetivo comum, através de diálogo, treinamento e troca de experiências.
Deve ser visto como um facilitador. Preocupa-se com a equipe e tem consciência de ser um fornecedor da equipe, procurando supri-la de tudo que ela necessita.
Acredita que só obterá sucesso se o trabalho for feito em equipe. Por isso compartilha com os liderados as responsabilidades e benefícios pelos resultados alcançados.
Estimula o trabalho solidário para aumentar a coesão da equipe.
Acredita na decisão por consenso. Não impõe sua opinião, mas facilita a decisão do grupo, mostrando pontos fracos que podem prejudicar a decisão.
Dissemina todas as informações que recebe. Municia sua equipe com dados e informações sobre os problemas, as deficiências e os resultados obtidos.
Procura estabelecer uma relação ganha-ganha entre os membros da equipe. Acredita que todos precisam ganhar.
Delega poder aos liderados, mas não os abandona, continua monitorando-os para não perder de vista os acontecimentos. Possui um programa de capacitação, para que todos estejam aptos a assumir desafios.
Sabe que sem formar substitutos, dificilmente poderá ascender a postos mais alto. Na equipe, sempre existem pessoas aptas a lhe substituir.

A importância da visão de futuro

Grandes visões são aquelas que saíram do mundo atual, e foram para o mundo imaginário, onde não há tradição, não existe egoísmo ou acomodação das pessoas, inexistem regulamentos, enfim não há barreiras, portanto, é um sonho onde as coisas mais estranhas podem acontecer. Ao transpor o sonho para a realidade, procurou fazer os ajustes para conviver com as barreiras do mundo real.

Através da visão que se faz o planejamento, criam-se os

projetos mais importantes, antecipa aos problemas e faz prevenção, promove-se melhorias e os resultados acontecem.

Há profissões em que o exercício da visão faz parte da atividade, como é o caso de arquitetos, projetistas. Necessitam exercitar essa atividade para ter sucesso.

Líder ensina e estimula seus liderados ao exercício da visão. Prepara todos para visualizar as coisas que ainda não aconteceram, mas, que irão acontecer. É através da visão que se lança produto inédito, descobre mercados promissores, descobre novos mercados, necessidades latentes de um produto e evita grandes desastres.

O dom de visualizar coisas futuras é raro. Há pessoas conseguem colocá-las em prática, outras não tem oportunidade e outras são inibidas. Mesmo não tendo o dom, qualquer pessoa pode aprender a exercitar essa atividade através de exercícios. É como sonhar, em pensamento fazer parte da cena, de vários pontos diferentes e por fim memorizar tudo aquilo como se fosse real.

Para cada ângulo há uma visão diferente. Por exemplo, num jogo são diferentes as visões do jogador, do juiz e do expectador, porque cada um está numa posição diferente do outro.

Quem quiser aprender a ter visão de seu trabalho deverá aprender a sonhar, a partir de diferentes posições. Deverá se colocar na posição de executor, de auditor, de cliente, de fornecedor, de empresário, de fiscal da lei. Fazendo este exercício em equipe, ficará mais fácil.

Problemas pequenos ou grandes, simples ou graves, são resolvidos com soluções simples. Quando alguém tem um ângulo diferente, e não estando preocupado, consegue ter o privilégio da visão. Há uma infinidade de exemplos de soluções simples com grandes resultados.

Resumindo, deve prevalecer o bom senso, ou seja:
Não descarte nada sem pensar bastante naquela visão, dialogue sobre o assunto, porque uma ideia, aparentemente banal para você, pode ser a solução para outros.
Não se precipite, pense no futuro. Uma boa ideia hoje pode estar morta quando for implantada.

Não desanime quando alguém recusar a ideia sem fundamentar a recusa.
Não insista naquilo que você mesmo não acredita.
Tenha coragem de ser ousado, inovar nem sempre estará isento de risco.

Respeitar e tratar as pessoas como pessoas

Ser respeitado advém da capacidade demonstrada, pelas atitudes e exemplos. Obediência não é sinal de respeito, mas de medo.

Impõe respeito: a demonstração de conhecimentos, as atitudes com profissionalismo, com exemplos, seriedade, educação, atenção aos sentimentos e principalmente, com transparência na comunicação sobre o assunto que está sendo abordado.

Agir com profissionalismo, abstendo-se de falar sobre as deficiências e defeitos pessoais. Falar tudo sobre o fato que está sendo abordado naquele momento e, em hipótese alguma, fazer citações sobre fatos passados.

Deficiências e defeitos pessoais devem ser mencionados em conversas reservadas. Trocar os termos pessoais por profissionais, alguns exemplos:
"Mentiroso" trocar por: "não está expressando a verdade";
"Burro" trocar por: "tem dificuldade de entendimento";
"Idiota" trocar por: "está fora de sintonia";
"Incapaz" trocar por: "não está preparado";
"Safado" trocar por: "não age com ética".

Agir com energia falando educadamente e com firmeza sobre o que está dizendo, ou seja, não titubear ou demonstrar qualquer atitude que possa caracterizar insegurança. Na dúvida ou incerteza, é melhor recuar e se preparar melhor, para agir com segurança.

O líder estimula e agrega as equipes usando termos adequados, tais como:
"Precisa melhorar a coerência" ao invés de *"está tudo errado"*,
"Precisa ajustar as divergências" ao invés de *"não é nada disso"*,
"Necessita maior clareza" ao invés de *"eu penso totalmente diferente"*.

Pesquisas têm mostrado, que gestores que se dedicam às pessoas, têm mais sucesso do que aqueles que concentram sua atenção nos processos e sistemas. Portanto não tratar as pessoas como recurso.

Líder é um fornecedor e os clientes são seus liderados, e também são fornecedores, e se não forem bem tratados, a recíproca será um produto ruim ou um mau atendimento ao cliente.

Não manipular as pessoas, ajudá-las a tomar as decisões, dialogando e não sugerindo, mas, perguntando qual o resultado das pesquisas, como elas pretendem planejar, como foi a troca de ideias com outros colegas ou fornecedores.

Praticar o diálogo ouvindo as pessoas, deixando que elas falem e pensem. A cada pergunta ou questionamento, há ajustes que vai alterando o que foi dito anteriormente, até que os dois estejam alinhados no mesmo entendimento. É o resultado da atividade de "falar e pensar" do ser humano.

O líder eficiente e eficaz
Não cobra atitudes-----dá exemplos, orienta seus liderados;
Não aponta erro-----mostra o problema e conduz para autopercepção;
Não sugere-----estimula as sugestões, ouve, analisa e questiona;
Não critica-----respeita os sentimentos e mostra as consequências do erro ou atitude;
Não faz-----coordena;
Não determina-----convence a fazer.

O líder deve praticar o diálogo

A prática do diálogo parece simples, mas não é. O diálogo tem ida e volta, sendo importante o que foi entendido, ou seja, a comunhão de ideias.

Um diálogo tem dois aspectos: o que foi dito e o que foi entendido. Fica com dúvidas "quem ouve". Entende quem "ouve, escuta e participa".

Equilíbrio está na sintonia, ou seja, preparados psicologicamente para conversar. Consegue com duas atividades:

Despertar no ouvinte a curiosidade sobre o assunto, antes de iniciar o diálogo;

Fazê-lo participar do diálogo. No decorrer do diálogo ir solicitando a opinião dele a respeito do que foi dito, será um feedback sobre a sintonia, não deixando a mente dele escapar num voo de imaginações.

Um bom diálogo ajuda no respeito mútuo, entrosamento, confiança e relacionamento saudável.

Atitudes do líder num diálogo:

Calma serenidade e tranquilidade; *calmana entonação de voz, mas sem monotonia. Serenidade com postura física descontraída, mas sem perder a seriedade. Tranquilidade sem pressa ou agitação, e principalmente, o local físico utilizado para a conversa, seja silencioso evitando os locais tumultuados;*

Confiança; *o líder reforça essa confiança dando exemplos, com atitudes coerentes com sua função;*

Seriedade; *falar sobre os fatos e não sobre atos, usar termos profissionais e não pessoais, a atenção dispensada às pessoas reforça a seriedade;*

Autoridade; *não confundir medo com respeito. As pessoas devem sentir respeito pelo líder, e esse sentimento são originados no comportamento e atitudes de liderança. Quando há medo, perde-se a autoridade e a confiança.*

Muitas pessoas não sabem expor suas ideias, cabe então ao ouvinte ajudá-la. Saber ouvir não é somente estar atento ao interlocutor, é saber conduzir o diálogo, com indagações, questionamentos e manutenção do direcionamento do assunto.

Inimigos da comunicação

As interferências na comunicação provocam dificuldades no diálogo, poderá ocorrer tanto com o líder quanto com o liderado.

É necessário estar atento para:

Resistências a mudanças - *as pessoas se apegam às maneiras tradicionais de pensar, sentir e agir. Isto ocorre porque é assim que se tem pensado, sentido e agido há muito tempo, é mais seguro e cômodo permanecer como está. É difícil imaginar as vantagens de um novo hábito, porque não consegue ter uma visão dos benefícios reais ou imaginários que irá obter.*

Desvio da atenção - *a maioria das pessoas prefere pensar em suas próprias ideias, em vez de examinar as ideias que a outra pessoa apresenta. A ideia oscila entre o que estamos pensando e desejando, e o que a outra pessoa está dizendo. É necessário sintonia e isto se faz com esforço de ambas as partes. A percepção de desvio de atenção do ouvinte deve ser motivo para pausa no diálogo, fazendo-a participar do diálogo, perguntando o que ela pensa a respeito.*

Expectativas injustificadas - *ver as pessoas como elas realmente são e não pensar que elas são aquilo que queremos que sejam. Sempre esperamos que elas saibam o que queremos dizer, mesmo quando deixamos lacunas na informação transmitida A ansiedade ou as expectativas a respeito do interlocutor, nos leva a omitir informações importantes. É necessário preparar ambos para a sintonia sobre o assunto. Não se começa um assunto falando sobre os detalhes. Deve-se iniciar falando "onde estamos" e "onde queremos chegar", para depois falar sobre o caminho a ser percorrido, sobre as dificuldades, as alternativas.*

A desconfiança e o medo - *muitas pessoas abrigam um sentimento de cautela, que as aconselham a ocultar os seus pensamentos e opiniões. Acreditam que tudo o que disserem será usado contra elas.*
Calam-se ou dizem o mínimo que precisam. Muitas vezes prejudicam os seus próprios interesses.
A desconfiança e o medo são frutos do passado.
Tocar no assunto, fazer a pessoa desabafar poderá resolver o problema. Às vezes será necessário tratamento especializado.

O hábito de escutar mal - *o ato de ver e escutar são os principais meios pelo qual aprendemos. A eficácia da palavra falada depende de como as pessoas escutam. Normalmente quem fala muito, é agitado ou é ansioso, tem dificuldades para escutar, normalmente ouve, mas não escutam, estão fora de sintonia. O cérebro funciona mais rápido que o ouvido, a diferença de rapidez entre, ouvir e pensar dá margem à intromissão de outras ideias e palavras. Muitas vezes, chegamos a uma conclusão errada através da interpretação dos fatos, de modo a criar um mundo fabricado por nós mesmo, a partir de uma outra informação não dita. Equivale a ouvir o que deseja, e, assim pensa que ouviu o que outro disse, mas na realidade não foi dito.*

Líder diz às pessoas "o que", "porque" e "quando" e não "como" fazer.

Comandar parece fácil, mas a maior dificuldade de acerto concentra-se na comunicação. O entendimento de um comando depende do momento, da forma, do local e ainda do preparo do comandado. Quando as interrogações têm boas respostas, o trabalho terá bons resultados.

O líder deve fornecer todas as informações à equipe para que eles saibam:
"O que" fazer,
"Porque" fazer.
"Quando" deve ser feito.
Bem informados os participantes dirão "**como fazer**", assumindo a responsabilidade pelos resultados.

As pessoas têm sentimentos. Deixando as pessoas dizer "***como fazer***", estará ativando os sentimentos de utilidade, criatividade e responsabilidade.

Se alguém disser *"não sei como fazer isto",* a resposta do líder deve ser: *"como você acha que deveria ser feito para atingir o objetivo que lhe disse?".* Se o objetivo do trabalho foi bem transmitido, certamente a pessoa irá dizer ao líder o que deve ser feito, bem próximo da expectativa ou até melhor.

Má definição de sistemas e processos são oriundos da deficiência na comunicação. Se você não sabe onde está, ou não sabe para onde vai, é melhor ficar parado.

Líder ouve, questiona os pontos negativos, não sugere, não critica a sugestão.

As sugestões devem partir sempre de quem irá executá-las, para que sinta responsável pelo sucesso. Se a sugestão partir do líder, será transformada numa ordem e não haverá responsabilidade, porque faltou a participação.

O líder está sempre disposto a ouvir, é uma maneira de elogiar, jamais dirá *"agora não posso",* mesmo nos momentos inadequados dá atenção, ouve e diz: *"gostei, depois me procure para conversarmos"*. A postura do líder em tal situação é muito importante.

Havendo algum ponto incoerente, caberá ao líder questionar os pontos negativos, citando as consequências que poderão advir, para que revejam suas ideias e busquem alternativas alinhadas às necessidades e objetivos.

A crítica não ajuda, porque mexe com os sentimentos, magoa, cria antipatia e leva ao desestímulo. É falsa a afirmação que há crítica construtiva. A construção só ocorre quando há autocrítica.

Quando a sugestão parte do executor há participação e tem todos ingredientes para o sucesso, porque atua nos sentimentos positivos de utilidade, de criatividade, de respeito e de responsabilidade.

O líder atua no desenvolvimento de seus liderados, sem interferir ele participa, apoia, incentiva e motiva. Interferindo estará definindo ou determinando algo, buscando para si a responsabilidade, e nem sempre é conveniente. Basta apoiar, a presença numa reunião ou no ambiente de trabalho, sem nada dizer, é o suficiente para apoiar o trabalho dos comandados.

O líder não aceita as devoluções de responsabilidade

Há diferença entre responsabilidade assumida e delegada.

A responsabilidade assumida ocorre através da participação. É um sentimento, sentir-se responsável, proprietário, ownership como se diz em algumas empresas americanas. O sentimento de responsabilidade, o leva a fazer tudo para cumprir objetivo que ele prometera a si mesmo, a outros e à empresa, em suma é uma questão de honra.

Na responsabilidade delegada dificilmente a pessoa assumirá, não terá o sentimento de responsabilidade, tentará de todas as maneiras, retorná-la a quem lhe delegou.
Havendo uma tentativa de devolução, não aceitar a devolução, perguntando-lhe: *"o que você acha que deve ser feito?"*.
É provável que a resposta seja: *"se eu soubesse não estaria aqui"*.
Guiar o liderado através de perguntas, levando-o a sugerir a

solução, e quando estiver concluída a sugestão, o líder deve dizer: *"veja, você sabia resolver, disse tudo o que deve ser feito, portanto não tinha dúvidas nem desconhecimento!"*.

Cuidado, cada pessoa poderá agir de diferentes maneiras para devolver a responsabilidade. Não ferir outros sentimentos, assim agir com calma e respeito. Jamais diga: "o que você está querendo é devolver-me a responsabilidade".

Atuar nas causas de reclamações internas

Os clamores por melhor ambiente físico, as reclamações pelo excesso de trabalho, pedidos de melhoria de salário, críticas sobre a burocracia e alegação que há injustiças, nem sempre tem suas raízes nestes temas. Procurar descobrir as causas, muitas vezes geradas por injustiças ocorridas no passado ou por ameaças.

As ameaças podem ter origem em problemas invisíveis e tem uma causa. É necessário descobrir as causas. Jamais negar a existência da reclamação, mesmo não tendo sustentação, como por exemplo: reclamar da sobrecarga de trabalho, mas na verdade falta de reconhecimento do esforço, falta de diálogo, falta planejamento, distribuição inadequada das tarefas.

Reclamações podem ter origem nas injustiças. Pode ser sofrida pela própria pessoa, outra pessoa ou social. Neste caso nem sempre há reclamação. Por medo de represália ou se recorrer a entidades de classe nem sempre obterá sucesso, porque há assuntos que só podem ser resolvidos internamente na empresa.

Outra ameaça é a regra negativa, principalmente as proibições, que agridem 100% das pessoas para atingir apenas 1%. Exemplo:

"É proibido tomar o elevador para subir com a finalidade de reservar lugar para descer".

Ideal é a recomendação

"Não tomar o elevador para subir com a finalidade de reservar lugar para descer. Não é justo com as pessoas que estão esperando neste andar ou nos andares superiores".

Importante são as ações corretivas com rapidez, pois faltando uma ação corretiva aos que não respeitam os avisos, só aumenta a indignação das pessoas.

Estimular o espírito de equipe, combatendo o individualismo e a competição interna.

O individualismo é o maior inimigo das equipes. Há empresas que adoram uma disputa interna, mas não percebem que, enquanto estão disputando internamente, estão perdendo clientes e isso é muito bom para o concorrente.

A competição afetará as relações entre pessoas, portanto, eliminar qualquer competição interna, tais como gincanas, disputas e confrontos. As disputas e confrontos devem ser canalizados para os concorrentes externos.

O exemplo "funcionário do mês" só traz problemas nas relações entre os empregados.

A falta de participação dos executores é causa do insucesso nas mudanças, nos projetos ou nas alterações. Participar não é ser ouvido, a participação é ir além, envolver-se, opinar, comprometer-se.

Evitar dar trabalho ou autonomia individual, porque deixa o empregado egoísta, considerando-se "senhor da situação" ou então com medo. Atuando como equipe há melhor distribuição do trabalho, há maior segurança, aumenta a responsabilidade nas decisões, reduz o medo.

O trabalho individual torna o processo vulnerável a erro, causa lacunas nos processos, cria miopia a quem o executa, deixa a pessoa pensando estar numa situação de insubstituível, prejudicando a si mesmo.

Quando é partilhado, aumenta o poder de coesão, melhora o treinamento na função, aumenta a segurança no trabalho e os erros ficam mais visíveis. Mesmo nas rotinas estritamente individuais é possível partilhar experiências, dificuldades, corrigir maus hábitos, melhorar posturas.

Num call center, por exemplo, onde há gravações das conversas, é possível ouvi-las para análise, partilha de experiências e correções.

As preferências individuais não podem prevalecer numa equipe, não podem escolher o que querem fazer. Muitas vezes dizem "eu não gosto de fazer isto ou aquilo", mas também não é recomendável forçar alguém a executar algo que não gosta, portanto, agir com sabedoria, distribuindo o trabalho de acordo com as habilidades individuais de cada um. Com o partilhamento é possível alterar as preferências.

Todos devem dialogar uns com outros, para troca de experiências, sugestões, permuta de atividades e outros assuntos para a melhoria do trabalho, para a visão ampliada ou diferente.

São desestímulos o elogio e premiação individual, o líder acaba deixando criar um ambiente de desagregação da equipe. No destaque individual, que mereça estímulo, este poderá ser feito de maneira sigilosa. As pessoas irão depender umas das outras, e às vezes sem perceber, o sentimento de ciúmes sempre poderá interferir na relação.

As sugestões e novas ideias é um dos casos que merece atenção. Um novo projeto dependerá de várias pessoas, por isso é importante que elas estejam engajadas nas discussões, pois as lacunas são normais em um projeto. O executor fazendo parte das "ideias" promoverá a viabilidade, assumindo a responsabilidade pela solução dos impasses.

O líder necessita ter cautela quando a sugestão envolver outra equipe, é preciso usar muito argumento para criar a expectativa sobre o assunto.

Autopercepção do erro ou da dívida leva à autopunição e correção

Um erro ou cobrança necessita uma ação corretiva, mas a abordagem altera completamente os resultados.

Ninguém aceita ser apontado como irresponsável ou ser cobrado. Nessa situação recorrerá à autodefesa, pois ativa os sentimentos negativos, buscando respaldo em motivos infundados: excesso de trabalho, baixos salários, falta de reconhecimento e outros argumentos.

O líder deve abster-se de dizer que se trata de um erro ou uma cobrança. Mostrar os fatos ao liderado ou equipe, para análise e conclusão do ocorrido e suas consequências. A partir daí ocorrerá a autopercepção, que levará a uma autopunição, ação corretiva e prevenção.

1 - Mostrar os fatos.

Líder diz: Analise o que está ocorrendo com isto! (Erro: mostrar papel ou produto com o erro) (Cobrança: mostrar números ou pesquisas)	Liderado responderá: Errei ou Estou devendo.

2 - Admitido que há problemas (análise).

Líder diz: O que você pensa sobre isso?	Liderado responderá: Causei problemas.

3 - Admitido que há consequências (ação corretiva).

Líder diz: O que você acha que deve ser feito para reparar isto? (o efeito)	Liderado responderá: Preciso consertar isto.

4 - A última fase (prevenção).

Líder diz: E para que não aconteça novamente, o que você pretende fazer? (na eliminação das causas)	Liderado responderá: Preciso ser treinado nisto.

Preparar os liderados para conhecer o grau de contribuição do trabalho deles

Cabe ao líder, conhecer e divulgar à sua equipe, os conceitos e fundamentos da qualidade e o grau de contribuição de seu departamento, no contexto da empresa. Sabendo onde está inserido, o membro da equipe tenderá a contribuir mais e melhor.

A divulgação deve ser gradativa, mostrando a cada membro da equipe a importância do trabalho. Iniciar com questionamentos e esclarecimentos sobre o grau de contribuição, de cada membro da equipe, em cada fase.
Fase 1 - A rotina de cada membro da equipe no processo,
Fase 2 - O processo no sistema
Fase 3 - O sistema para a empresa.

O líder deve programar atividades de sinergia, onde cada membro conheça o trabalho do parceiro. Os fornecedores e clientes são parceiros importantes. Qualidade se faz conhecendo as dificuldades, necessidades, desejos e anseios de nossos consumidores internos e externos. Qualidade é fruto da "consciência" de cada membro da equipe sobre importância do seu trabalho.

A atuação em sinergia propicia aos empregados, conhecer as dificuldades e necessidades, daqueles que utilizam o produto ou serviço. Então o trabalhador se conscientiza a melhorar o que faz. A qualidade advém dos sentimentos das pessoas e não das normas e procedimentos. Os sentimentos são resultados daquilo que ouvem, do que veem, do que pensam, do que fazem e pelo reconhecimento de sua contribuição.

Consequentemente haverá também aumento da produtividade.

Aproveitar as habilidades das pessoas

A capacidade varia de uma pessoa para outra em função de suas habilidades. As habilidades desenvolvem ao longo do tempo, sendo mais rápido na atividade que dá mais prazer, mas poderá mudar a partir da ampliação do conhecimento aliado à prática.

Primeiro procurar aproveitar as habilidades de cada um, formando uma equipe, cada qual com as suas habilidades. Depois dar a chance a cada um para desenvolver novas habilidades, e a melhor maneira de fazer isto, é migrar as atividades entre os componentes da equipe, criando novas habilidades no decorrer do tempo.

No capítulo "Preparação para mudança" no item "Análise da capacidade do ser humano", há informações adicionais sobre a capacidade.

Pensamento positivo eleva o moral da equipe e atrai resultado positivo

Ocorrências negativas quando expressas verbalmente, se propagam rapidamente e duram mais tempo em nosso pensamento. Retorne ao seu passado, pense nas ocorrências negativas e positivas e suas reações, certamente lembrar-se-á mais das negativas.

Não permita que temas negativos afetem o moral da equipe. Conscientize a todos a não comentar assuntos negativos, fora do âmbito da equipe, porque não poderão atuar na solução.

Temas negativos que estejam afetos à equipe devem ser tratados rapidamente por ela, evitando causar problemas de relacionamento, moral baixo ou qualquer outro desestímulo.

Cuidado com os temas individualista ou com falsos entusiasmos; (ver capítulo "Equipes Sinérgicas" item "Entusiasmo é bom, mas cuidado com a euforia").

Qualquer tema que levante o moral da equipe deve ser divulgado para todos. Ideal é fazer a divulgação primeiro verbal e depois escrita se esta for necessária.

Combater toda e qualquer atitude negativa ou pessimista. Remova os negativistas, os contras e os fuxiqueiros, pois "um produto podre contamina toda caixa".

Preparar a equipe para pensar positivamente, mesmo nas adversidades, tendo como premissa que; tudo tem solução, seja ao longo do tempo, ou até o extremo de preparar-se para conviver com o problema. Pensando positivamente, os resultados são melhores e eleva o moral da equipe.

Estar atento ao ambiente de trabalho. Em qualquer anormalidade agir de imediato, com calma e demonstrando tranquilidade, para que seus liderados também mantenham a serenidade nas situações de estresse.

Equilibrar o pensamento racional com o pensamento emocional

Aprendemos a ter atitudes racionais com maior intensidade que emocionais. O desequilíbrio entre paixão e razão é ruim, porque no futuro irá gerar problemas.

Atitudes devem ser equilibradas para gerar resultados com qualidade e produtividade.

O líder poderá ter sucesso, se souber:
Equilibrar as atitudes racionais e emocionais das pessoas.
Reduzir o impacto dos sentimentos negativos.
Aflorar os sentimentos positivos.
Estimular a ajuda sem esperar algo em troca.

Conhecer as diferenças de seus liderados

Personalidade todos tem, mas são diferentes e imutáveis. Portanto, é importante saber lidar com cada uma delas.

Entender a personalidade de cada um é importante, mas não servirá de nada se não se souber lidar com ela. Através da observação ou estudo, pode-se conhecer a personalidade de cada pessoa. À medida que aumenta a convivência, aumenta o conhecimento.

Todos têm hábitos e temperamentos diferentes.

Não comparar as pessoas, isso só piora a situação de relacionamento. Saber utilizar o lado bom de cada pessoa, sem abusar. Há casos difíceis e a solução seria a demissão.

Uma maneira prática é coletar as informações sobre seus liderados e dar conhecimento à equipe da existência dos casos negativos detectados, sem indicar nomes, solicitando que cada um procure erradicar o ato. Há um capítulo específico sobre "as diferenças entre as pessoas".

Em caso extremo deve agir de maneira sigilosa, sendo transparente com o liderado, apontar fatos ocorridos, onde as atitudes foram inadequadas. Estimular a raciocinar sobre o problema, sobre causas e consequências. O interessado deve buscar ajuda, caso contrário não surtirá efeito. Ele deve criticar-se, reavaliar sua postura e pedir ajuda de colegas ou até de profissionais de sucesso. Há bons profissionais que buscam conhecer seus pontos negativos, mas, às vezes não conseguindo erradicá-los buscam ajuda de colegas. Alertar sobre o pedido de ajuda, porque há pessoas não querendo envolver-se preferem mentir, omitir-se, dar falso feedback.

O líder sendo omisso estará permitindo a continuidade do ato, estimulando a atitude nociva.

Atuar no início de eventual conflito amenizando seu impacto

A falta de equilíbrio entre a razão e emoção poderá gerar divergências entre as pessoas, oriundo das dificuldades na comunicação, que acaba contribuindo para os conflitos.

O convívio social depende do respeito mútuo. Brincadeiras desagradáveis contribuem para o desequilíbrio, porque ferem os sentimentos. Ambiente descontraído é saudável, mas há limites.

Os exageros em qualquer aspecto atrapalham, seja na maneira de falar, de agir, de se vestir.

Conflito é natural desde que seja de ordem profissional, porque cada pessoa tem maneiras diferentes de enfocar o trabalho, mas não podem causar atritos. Atritos entre participantes da mesma equipe não têm sentido, pois ambos estão pensando a mesma coisa, mas focando de maneira diferente.

Portanto o líder, fazendo alusões objeto do conflito, deve alinhar o pensamento de ambos "onde estamos e onde queremos chegar", numa análise e discussão à luz dos fatos e não sobre suposições, indagando-os como pretendem solucioná-lo. Nesse momento deve atuar como se fosse padre e delegado ao mesmo tempo.

Nos conflitos de ordem pessoal, agir com energia e não tomar partido a favor deste ou daquele, a atuação deve ser de neutralidade, chamando-os à razão, evocando os princípios do convívio social. Não entrar no detalhe do motivo do conflito por tratar-se de intimidade. Se não resolver, a equipe deve tomar uma decisão que elimine o problema, até mesmo a dispensar os 2 ou em caso de extrema necessidade dispensar aquele que seja menos útil à equipe. Em nenhuma hipótese o problema poderá continuar, pois contaminará outras pessoas.

Qualquer atitude do líder deve ser conduzida com discrição, nunca falar com os envolvidos individualmente, pois podem querer contar detalhes daquilo que provocou o conflito, para envolver o líder numa função de juiz, o que deve ser rechaçado no início da conversa, evitando interpretação de que está favorável a esta ou aquela pessoa.

Não permitir apropriação das ideias dos outros.

Não permitir animosidades de forma alguma. É comum um ou outro querer brilhar mais que seus colegas, isto nada tem de mal desde que use de meios lícitos.

É comum alguém aproveitar de ideias de outros para se promover perante o líder. Isto é tão condenado quanto o roubo dentro da empresa. Estar atento a essas ocorrências, procurando conversar com outras pessoas que dominam o assunto e de maneira sutil, descobrir a quem pertence àquela ideia, pois não se espera denúncias nestes casos. Ideia roubada tem todos os ingredientes para o insucesso.

Não esconder fatos que afetará a equipe

Caberá à equipe a solução de todos os problemas, seja aqueles que envolvam as pessoas, como punição ou ajustes com a redução da equipe. Agindo assim os liderados terão confiança em seu líder e essa atitude demonstra sinal de respeito a eles.

Cabe ao líder orientar o grupo, conduzindo para o equilíbrio na decisão, numa análise sem perseguição e sem paternalismo. Essa atitude justifica-se porque, se a equipe decidir, ela assumirá a responsabilidade. Se o líder tomar a mesma decisão, a equipe assumirá as dores ou ciúmes sobre a decisão.

Estimular as atitudes de solidariedade e o trabalho partilhado

Agir para que haja ações de solidariedade entre as pessoas, fazendo-as partilhar o trabalho, com o propósito de obter integração e coesão da equipe.

Preparar, discutir e distribuir todas tarefas com as pessoas envolvidas. Deve-se evitar o individualismo em todos os aspectos, evitando a distribuição das tarefas de forma isolada, não fazer elogio a este ou aquele funcionário, eliminar as disputas internas, as gincanas ou qualquer outro ato que provoque ciúmes ou atritos, para não tornar as pessoas insubstituíveis. O trabalho partilhado além de produtivo reduz a miopia sobre as rotinas.

Rotinas diárias, semanais, quinzenais, mensais, semestrais e anuais devem estar catalogadas, com as responsabilidades definidas pelos componentes da equipe, não faltando os suplentes.

Nos casos de trabalhos onde ocorra pico[7], todos devem estar envolvidos no planejamento para enfrentá-lo. As hipóteses de anormalidades devem estar contidas no planejamento, com as respectivas ações em cada caso, bem como escalonar os trabalhos prioritários e não prioritários.

O líder estimulará seus liderados a erradicar todos problemas. Tomando conhecimento dos problemas, abstendo-se da

---

[7] Pico: elevação momentânea de atividade.

sugestão, entregar aos seus liderados, para que analisem e descubram a solução para o efeito e para a causa. Essa tarefa deve ser constante, a fim de buscar a melhoria contínua. Só obterão sucesso sendo solidários e descobrindo soluções para as causas.

O conhecimento das rotinas de trabalho deve abranger a maior quantidade possível de empregados, permitindo atos de solidariedade e partilha, aumentando a visão sobre melhorias nas rotinas.

No trabalho em série, ou seja, onde termina uma tarefa e inicia-se outra, ambos executores devem conhecer a tarefa do outro, de maneira a criar sinergia. Devem atuar como os "elos da corrente", ultrapassando os limites conseguirão a coesão.

Se o trabalho for individual, como no atendimento telefônico, em Help Desk, Telemarketing, Call Center, será necessário haver discussões constante sobre a forma de trabalhar e de agir em cada caso.

3. EQUIPES SINÉRGICAS

Preparação das equipes para o novo método de gestão.

Sinergia quer dizer participação, integração e coesão.

Numa gestão participativa a empresa é considerada uma grande equipe, formada por varias equipes, cuja linha de comando e autonomia continua fluindo no formato de pirâmide. O princípio básico é que tudo fluirá através das equipes, que atuarão de forma sinérgica. Cada empregado assumirá suas responsabilidades, através de mentalidade coletiva: "somos responsáveis por tudo o tempo todo".

Quando mencionamos "equipes", referimo-nos a todos os envolvidos, empregados, fornecedores e prestadores de serviço.

A preparação das equipes se faz de forma gradativa e de dentro para fora, adaptando-as à nova maneira de gestão de forma suave, introduzindo novos hábitos, não mudando de imediato a cultura.

A fase inicial dependerá do sucesso dos ensinamentos citado no capítulo "Preparação para mudança". Se porventura houver alguma dúvida, será preferível suspender a mudança e fazer uma nova preparação ou substituição de pessoas.

Para que todos atuem de forma sinérgica, dentro da equipe ou entre as equipes, é necessário um trabalho intenso de conscientização de todos, sobre da interação do homem com o trabalho e na geração de conhecimentos sobre o método de gestão participativa. Utilizar o capítulo "Preparação para a mudança".

A preparação terá como meta conseguir de todos os empregados diretos e indiretos:
Conscientização sobre o novo método de gestão, conforme parágrafo anterior.
Conheçam a estrutura funcional da empresa e o relacionamento entre as equipes, conforme exemplo do item "Processo de sinergia entre as equipes através do Feedback constante" neste capítulo.
Estejam focando o mesmo objetivo, ou seja, a "qualidade", a "produtividade", os "resultados" e a "melhoria contínua".

E por último, que haja muita solidariedade nos momentos de dificuldades das equipes.

A prática tem mostrado que o ideal é trabalhar com equipes composta de 4 a 10 pessoas porque:
Superior a 10 a interação se torna morosa e perde agilidade nas situações de crise. Haverá dificuldades de comunicação entre os membros da equipe. O líder não conseguirá dar atenção aos liderados e fazer os acompanhamentos.
Inferior a 4 faltará "força" para enfrentar obstáculos tais como: picos nas rotinas, ausências por problemas pessoais ou participação em cursos e outras situações que reduz a força de trabalho.

Numa gerência ou departamento haverá vários níveis de líderes. Por exemplo, havendo 80 empregados num departamento, haverá um líder máster (gerente), 2 ou 3 líderes plenos (supervisores) e 8 ou mais líderes juniores, que atuarão diretamente com os empregados.
Cada caso vai depender da situação da gerência ou departamento.
Os líderes juniores não terão a função de gestão, pois irão coordenar as reuniões, catalogar as informações e interagir com os gestores (líderes sênior ou pleno).

Em síntese, as reuniões ocorrerão de baixo para cima, ou seja: os líderes juniores diariamente reunirão com sua equipe, para discutir as ocorrências do dia anterior, depois reunirão com os líderes gestores (pleno), subindo a hierarquia o suficiente para a tomada de decisões (aprovação, recomendação, ação corretiva ou de melhoria).

As decisões, sob o domínio da equipe, serão de responsabilidade dela e não mais do chefe. O chefe agora atuando como líder, buscará todo o apoio às equipes sob sua liderança, para melhorar as condições de trabalho.

Equipes sinérgicas atuam como o elo de uma corrente ultrapassando limites

A definição para sinergia é difícil, mas o que se sabe é que exige a ultrapassagem dos limites, é como uma corrente onde cada elo ultrapassa seu limite, adentrando no elo seguinte, para conseguir obter o máximo de sua capacidade. Um grupo de trabalho bem coordenado e com obrigações bem definidas, poderá estar longe de ser uma equipe, porque, se cada participante fizer sua obrigação, no final aparecerá lacunas imprevisíveis, que não foram consideradas por falta diálogo e sinergia entre os participantes.

As lacunas são obstáculos que surgem inesperadamente, provocando atrasos, retrabalhos e atritos entre as pessoas.

As lacunas podem aparecer de várias formas, através sintomas ou eventos tais como: parada na linha de produção, parada de computador por algum evento inesperado, travamento de equipamento, falta de material, etc. Muitas vezes até há alerta a respeito da existência do sintoma do problema, mas não há preocupação. Há casos em que há riscos de acidentes graves.

Os fornecedores devem ir além da sua função de suprir, serão parceiros quando procurar conhecer as necessidades, dificuldades e anseios dos clientes de seus clientes. Para elucidar melhor, um fabricante de componentes para geladeiras, deve receber feedback não só da indústria de geladeiras, mas de toda a cadeia envolvida, ou seja, dos vendedores das lojas, das oficinas de conserto ou de revisão e também das donas de casa, só assim poderá fornecer componentes eficientes e de boa qualidade para os fabricantes de geladeiras.

Exemplos de equipes.

Há vários exemplos de integração e sinergia, como formigas, abelhas e vários outros animais. Mais usado como exemplo tem sido o voo dos gansos canadenses.

Se os animais são capazes de alcançar seus objetivos, trabalhando de maneira integrada e solidária, porque os humanos com maior capacidade de raciocínio que os animais, não conseguem trabalhar da mesma forma.

Será que a resposta está nas atitudes inadequadas, atuando de forma egoísta e individual, competindo uns com os outros, e as vezes até agindo de maneira ilícita?

Postura das equipes diante de problemas e mudanças

Há empresas que tratam os problemas como causa e não como sintoma.

Qualquer problema é um indício de algo que não vai bem, portanto é um sintoma.

São prejudiciais à empresa as ações reativas: negação da existência, ficar na inércia numa atitude de omissão, mascarar o problema atuando somente no efeito.

Agindo de forma reativa, os problemas retornam, baixam a qualidade, reduz a produtividade e quando aplica punição, sem análise das causas, afetará a força de trabalho. As consequências dessa postura são refletidas nas pessoas, através do aparecimento de traumas, neuroses que bloqueiam a criatividade e melhoria constante, há redução dos resultados, por medo acabam incentivando o pensamento: "é mais seguro manter como está para não correr risco de ser punido".

Ações proativas devem ser uma rotina, atuando no efeito de imediato e em seguida nas causas.

A catalogação de problemas deve ser encarada por todos, como uma necessidade natural, inclusive aqueles problemas que ainda não ocorreram. Há empregados que tem a capacidade da visão de futuro, assim, analisando os processos através dos sintomas, podem antever problemas de curto prazo, fazendo contatos com clientes e fornecedores, para vislumbrar probabilidades de ocorrer problemas de médio e longo prazo.

É importante manter um sistema de catalogação, organizado por "produto" ou "componente", para alicerçar a eliminação dos problemas numa eventual alteração ou renovação do produto. Essa alternativa faz parte da atividade citado na "Técnica de Catalogação de Informações sobre o Produto (QFD)".

O líder deve incentivar as atitudes de mudança para que ocorra a melhoria constante. Há uma tendência de acomodação, mesmo porque há riscos, mas, mudanças são necessidades inerentes aos produtos ou serviços. Mesmo que não haja problemas num produto ou serviço, deve ser efetuada a busca de melhoria, caso contrário o concorrente poderá tomar a dianteira.

Processo de sinergia entre as equipes através do feedback constante

Equipes desintegradas é preferível não as ter. As lacunas inerentes aos processos somente serão eliminadas com uma boa integração. Os atrasos nos prazos, a falta de recursos, a falta de diálogo não ouvindo os alertas, o cumprimento de determinações mesmo sabendo que há problemas e as indefinições, são exemplos de causas de lacunas.

Duas empresas com produto similar poderão lançar seus produtos em prazos diferentes. Isso ocorre quando atuam de maneira diferente. Uma consegue lançar o novo produto no mercado em seis meses e outra em dois anos.

A integração não pode ficar na intenção, todos departamentos da empresa devem estar envolvidos, do início ao fim, ou seja, o departamento de prospecção e design (início da cadeia) deve estar integrado aos departamentos de: produção, comercial, vendas, etc. (intermediários), e assim por diante até chegar aos departamentos de pós-vendas: Sac, Ombudsman, de assistência técnica (final da cadeia). Se o departamento de assistência técnica não assessorar o Departamento de Design o produto poderá continuar com as mesmas falhas dos produtos anteriores.

Uma equipe não estará trabalhando de maneira sinérgica, cumprindo seus objetivos e suas responsabilidades, porque há momentos em que uma equipe necessitará da ajuda de outra.

Há duas afirmações que se encaixam perfeitamente como **inimigas** das equipes:
Quem divide não soma.
As equipes não podem trabalhar divididas, uma estando em dificuldades outras devem se deslocar para ajudá-la. As equipes não podem trabalhar somente com suas obrigações, devem ser itinerantes e solidárias. Equipes que têm pico no início do mês devem ajudar outras que têm pico no final do mês. Numa gestão participativa, o que importa é a sinergia em toda empresa, assim, uma equipe pertencente a um departamento, poderá deslocar para outros departamentos para

ajudar nos momentos difíceis.

<u>Quem faz sua gestão através de relatórios merece ser enganado</u>.
Relatórios são frios, omissos e levam a interpretações distorcidas da realidade. Quando se fala em informações, estas devem estar catalogadas em papéis, mas devem ser expostas verbalmente dentro do possível. Um relatório verbal exposto em 1 hora, além da vantagem de se ter feedback imediato, se fosse escrito levaria semanas para fazer o mesmo efeito. Outro fato negativo são os engavetamentos dos relatórios.

Uma empresa, de médio ou grande porte, estará atuando como equipes sinérgicas, em síntese estruturada assim:

<u>Pesquisa</u> (Gerência de Pesquisas, Marketing Direto, Relações Públicas).
Pesquisar mercado: para novos produtos ou serviços;
Pesquisar nas equipes: informações oriundas do mercado, e detalhes sobre produtos ou serviços.
Pesquisar clientes internos e externos: para obter opinião a respeito da qualidade dos produtos ou serviços.

<u>Design e ou Laboratório</u> (Gerência de Produtos, Analistas, Desenhistas.).
Com base nas informações obtidas pela Gerencia de Pesquisas, sugestões das equipes ou Assistência Técnica;
Desenhar novos produtos ou serviços;
Alterar produtos e serviços existentes.
Avaliar produtos ou serviços existentes;
Testar novos produtos ou serviços. Nos testes deve envolver outros departamentos.

<u>Fábrica</u> (Elaboração, Montagem, Programação, Telecomunicações e outros Departamentos executores.).
Montar os produtos ou serviços.
Avaliar produtos ou serviços existentes, com base nas informações obtidas pela Gerencia de Pesquisas, sugestões das equipes ou Assistência Técnica;
Discutir com os Departamentos de Design e ou Laboratório, sobre eventuais dificuldades nos produtos ou serviços, com base nas informações obtidas pela Assistência Técnica;

Vendas (Pontos de Vendas, Lojas, Telemarketing, Entrepostos, e outros Departamentos de atendimento).

Atender as necessidades e anseios dos clientes oferecendo produtos ou serviços;

Fornecer FEEDBACK aos Departamentos de Pesquisa e Design e ou Laboratório, sobre os comentários dos clientes a respeito dos produtos ou serviços;

Distribuição (Empacotamento, Transportes, CPD, Courier, outros Departamentos de entregas).

Entregar os produtos ou serviços aos clientes nos prazos, locais e condições combinadas.

Fornecer FEEDBACK aos Departamentos de Pesquisa, Design e ou Laboratório e Vendas, sobre os comentários dos clientes a respeito dos produtos ou serviços.

Assistência Técnica (Oficinas, Help Desk, Ombudsman, SAC, Gerência de Apoio Interno, Disque Ajuda, ou qualquer Departamento que faça atendimento pós-venda).

Atender os clientes internos e externos a respeito de problemas nos produtos ou serviços;

Fornecer FEEDBACK aos Departamentos de Pesquisa, Design e ou Laboratório e Vendas, sobre defeitos e dificuldades nos consertos dos produtos ou deficiências nos serviços, e, também sobre os comentários dos clientes internos e externos a respeito dos produtos ou serviços.

Atuar em conjunto com outros departamentos, na solução das causas dos problemas.

Não importa se as atividades são exercidas pelos empregados da empresa ou por terceiros, sinergia deve existir. Não esquecer que, para registro das informações sobre os produtos ou serviços, utilizar a "Técnica de Catalogação de Informações sobre o Produto (QFD)",

Entusiasmo é bom, mas cuidado com a euforia.

O entusiasmo é bom e necessário, mas não poderá se transformar em euforia, porque de certa forma haverá perda de controle da situação. As pessoas estando eufóricas perdem o controle entre a emoção e razão, e agem de maneira desordenada.

Para evitar que isso ocorra, é recomendável divulgar a todos, que qualquer material sobre o tema, deverá ser aprovado pela coordenação das mudanças, explicar que há material com efeitos incompatíveis com o novo método de gestão, que nem sempre esses detalhes são perceptíveis sem uma análise aprofundada.

Cuidado com efeitos negativos em filmes, palestras e material escrito.

Os empregados têm conhecimento de tudo que acontece numa empresa, e ficam indignados pela falta atitudes ou ações corretivas.

Há muito material que pode produzir efeito contrário.

Após uma palestra ou filme os comentários são: *"viu o que ele falou! É exatamente o que acontece aqui, os chefes sabem de tudo isso e não fazem nada! Isso não vai dar em nada e será gasto inútil e perda de tempo para todos nós"*.
Não permitir palestras com conteúdo de apontamentos de problemas e deficiências de gestão, que ocorrem nas empresas. Não utilizar filmes com o conteúdo e exemplos negativos. Há uma tendência geral fixar toda atenção nos pontos negativos anulando os positivos.

Esses materiais só irão aumentar a indignação.

Num trabalho sobre gestão e qualidade, analisamos em torno de 100 filmes e acabamos selecionando somente 5, mesmo assim foi necessário editá-los, para excluir os pontos negativos. Como exemplo num filme "Saber Escutar", usado para alicerçar o processo de comunicação, logo no início percebemos que as pessoas associavam seus chefes e colegas, aos exemplos negativos do filme, quando começávamos a discutir sobre a parte positiva, eles não se lembravam. A solução foi editar o filme.

Treinamento através de filme é importante, mas deve ser bem analisado para evitar efeito inverso.

É importante manter o respeito pelas pessoas, por exemplo esperando melhorar o ambiente de trabalho, criam-se atividades ou representações, em que expõe os empregados situação de ridículo ou vexame, tais como danças, representação de personagens, vestimentas estranhas. Essas atividades só piora a situação porque fere os sentimentos das pessoas.

E primordial analisar o material antes da contratação, pois não havendo conteúdo para somar, tais como novos métodos, exemplos de sucesso, comparativos, será preferível deixar que os empregados descubram sozinhos novos horizontes.

Cuidados com materiais escritos. Todos querem agilizar o processo de implantação do novo método de gestão, começam a fazer cópias de recortes de jornais, telas de internet, partes de livros, revistas, fazendo um bombardeio de mensagens. No começo os empregados até olham ou lê, depois começam a perceber que são todos iguais, aí começa uma certa irritação causando efeito contrário e aumenta o lixo reciclável. Não deixe que isso aconteça.

Há pessoas avessas à leitura, isso é perceptível na ineficiência dos "Manuais de Normas e Procedimentos". Executam tudo através das ordens verbais, orientação dos colegas ou tentativa e erro. Alternativas que podem ajudar: discutir o assunto em reunião, aplicar testes sobre material distribuído para avaliar o grau de entendimento, fazer perguntas verbais sobre o assunto, como uma forma de feedback sobre o entendimento.

Substituir a proliferação de material escrito, por visitas a locais que tenha bons exemplos de gestão participativa, ou então, coletar algum material com resultados positivos, visando melhor análise e discussão em reunião. Mas cuidado para não usar material com resultado individualista ou negativo.

O que poderá ajudar na motivação

As pessoas eufóricas normalmente voam alto demais e se tornam superficiais, faz muita festa sem nenhum resultado, conduz outras pessoas para o descontrole racional, e, com atitudes impensadas atuam somente com as emoções, colocando os processos e sistemas em risco.

Voar em sonhos é bom e saudável, mas não podemos acordar voando porque a queda causará acidentes. Os líderes têm papel importante neste momento, incentivando seus liderados, mas de maneira que atuem com equilíbrio entre a racionalidade e a emoção, equivale voar devagar e rente ao solo.

Algumas atividades e atitudes simples contribuem muito, para a motivação e desenvolvimento das equipes. Alguém "importante" participando em algumas reuniões, ouvindo atentamente sem opinar, e se arguido a respeito de algum tema, deve limitar-se a dizer que a equipe sabe melhor como conduzir o assunto, que está ali para aprender com eles.

Visita dos líderes de escalão superior, ficando junto ao pessoal, com alguma conversa descontraída, indagações sobre o que pensam, preferencialmente sem a presença do líder da equipe. O visitante deve dizer que o trabalho em equipe é muito importante para a empresa e para os empregados. Atitudes como essa tem um efeito benéfico a todos, aumenta a confiança reduzindo o medo, melhora o respeito mútuo, aumenta o moral da equipe. As equipes quando chegam nesse ponto, propagam por toda a empresa os efeitos benéficos do método de gestão.

Fase de preparação da equipe - planejamento

O segredo está na escolha do líder, que deve conduzir a equipe para a sinergia em todos os sentidos. Antes de iniciar a estruturação das equipes no novo método, o líder deve estar preparado com as recomendações detalhados em outros capítulos.

Após a estruturação das equipes, citado no item "Preparação das equipes para o novo método de gestão" deste capítulo, inicia-se fase de conscientização de todos.

Quando a equipe estiver preparada e conscientizada a aceitar o desafio, devem começar o planejamento de atuação da equipe, através reuniões diárias de curta duração. Usando os recursos da técnica de reunião (ver item "Condições para produtividade da reunião" neste capítulo), conversarão a respeito dos seguintes assuntos:

Eliminar eventuais dúvidas sobre a preparação inicial para o novo método de gestão.

Discutir sobre o processo de comunicação entre eles, principalmente sobre os "inimigos da comunicação" no capítulo "Líderes".

Como irão agir nas dificuldades de relacionamento entre eles, os cuidados nos momentos de descontração, evitando as brincadeiras desagradáveis, os comentários ofensivos ou imorais.

Como irão agir diante dos maus hábitos e temperamentos difíceis.

Como será a responsabilidade de cada um – ausências ao trabalho, atrasos, programação de férias, respeito entre eles.

Como pretendem atuar em sinergia, entre os membros da equipe e futuramente com outras equipes.

Como será a atuação da equipe diante dos insucessos, dos problemas internos da equipe, da atuação de algum colega que estiver prejudicando a equipe.

Como será montagem das equipes dentro do departamento e quem coordenará. Lembrar que a recomendação é que as equipes serão compostas de no mínimo 4 e máximo 10 empregados.

Como será a atuação da equipe nos problemas inesperados, nos momentos de pico.

Como vai ser o processo de gerenciamento da equipe, controles, avaliações e ações corretivas.

Definir como serão as reuniões da equipe e entre equipes. Quem participará, periodicidade e finalidade das reuniões. Lembrar que as reuniões são primordiais para o trabalho sinérgico.

Preparar a equipe para conhecer as técnicas de qualidade, sem implantá-las, nessa fase será somente de conhecimento. Ver capítulo "Técnicas e Ferramentas usadas na melhoria do trabalho".

Fase de atividades iniciais, em reuniões de curta duração.

Estando a equipe preparada para atuar neste novo método, começam então as atividades.

Fazer um diagnóstico da situação do departamento, analisando o que está bom e o que está mal, catalogando-os assim:

Casos ou problemas detectados como "ruim" e que esteja sob o domínio e autoridade da equipe.

Casos ou problemas que estiver fora do domínio da equipe. Estes não serão objeto de qualquer ação imediata. Estas anotações serão úteis para solicitar ajuda do escalão superior e ou na sinergia com outras equipes.

Os problemas de maior complexidade, pode ser necessário reuniões periódicas, com maior duração, para planejar a solução das causas. Nestes casos usar as técnicas de 5W e 1H, e nos casos mais complexos o PDCA. Mais detalhes sobre as técnicas ver o capítulo "Técnicas e Ferramentas usadas na melhoria do trabalho".

Embora a Técnica do 5 Sensos (ou Housekeeping) pareça simples e fácil de implantar, é bom aguardar, até que os membros comecem a amadurecer no método de gestão participativa, pois usará a técnica com maior responsabilidade, pois não poderá sair descartando tudo desordenadamente. Veja detalhes no capítulo "Técnicas e Ferramentas Usadas na Melhoria do Trabalho".

Evolução da equipe

A atuação da equipe será de imediato nos efeitos, e a seguir, nas causas caso contrário será esforço inútil.

A equipe inicia sua atuação nos casos ou problemas catalogados, de dentro para fora, ou seja:
Primeiro: *organizando tudo internamente, resolvendo seus problemas de gestão, em seguida começa a atuar nos problemas de seus processos, onde tem domínio e autoridade para resolvê-los. Deve seguir trabalhando na melhoria estrutural da equipe e de forma crescente;*
Segundo: *passa a atuar fora seu domínio e autoridade, fazendo as parcerias para solucionar os problemas mais críticos, fora de sua gestão e autoridade. Iniciará com parceiros mais próximos e depois com os mais distantes.*
Terceiro: *atuará na busca de melhorias, atuando de forma sinérgica com todas as equipes internas e externas, ou seja, com fornecedores, entidades públicas e clientes.*
Começa então a despontar as equipes de alto desempenho, buscando alavancar ainda mais a empresa.

A equipe só terá sucesso e evoluirá, quando estiver consciente que:
Sem solidariedade e colaboração não haverá equipe;
Não poderá se precipitar, com atitudes impensadas ir implantando soluções capengas;
Deve controlar a euforia, evitando a tentativa de resolver tudo

de uma só vez;
Não poderá esmorecer quando algo não der certo;
Deve ter serenidade para enfrentar os obstáculos.

Não poderá esquecer também, que são os sentimentos que os move, portanto devem se relacionar de forma saudável, cuidando para não cair nas armadilhas dos costumes antigos, como brincadeiras desagradáveis, fofocas, temperamentos difíceis e maus hábitos.

Numa fase mais adiantada, começa-se a discutir, sobre a necessidade de algum conhecimento extra para o trabalho, tais como novas tecnologias, cursos técnicos, estágios.

Reuniões na Empresa! São importantes?

Reuniões são importantes por vários motivos, dá sustentação para as ações sinérgicas, promove o relacionamento interno, agiliza decisões, aumenta conhecimentos. Mas, depende de uma boa gestão!

São improdutivas, maçantes e cansativas, quando:
A finalidade for para discutir algo complexo. Os temas mais complexos devem ser discutidos inicialmente entre 2 e 3 pessoas de cada vez, para depois reunir todos os participantes e concluir;
Quando os participantes não têm autonomia para a decisão, a reunião se torna inútil porque não cumpriu seu papel.

A atuação do líder neste momento é primordial, cabe a ele evitar que haja uma reunião sem alguma expectativa de resultado.
São motivos para uma reunião visando:
Divulgação rápida de algo importante;
Planejamento de trabalho, onde cada participante esteja previamente preparado.
Entrosamento da equipe, onde se discute fatos relevantes ocorridos, análise de resultados, planejamento para solução de algum problema, assuntos que afetam a equipe.
Tomada de decisão final, onde os participantes tenham analisado o assunto e já conversaram previamente a respeito do tema;

Uma reunião depende, essencialmente, de uma boa coordenação para torná-la participativa e produtiva, não deixando que o assunto seja desviado, e também, atue no controle do tempo e da ordem. Ao discutir problemas não se fará alusão às pessoas ausentes, se limitando aos processos.

Para o bom andamento de uma reunião é importante que o grupo concorde com certas condições, visando maior produtividade da reunião.

Condições para produtividade da reunião

Abrir a reunião falando sobre a finalidade daquela reunião, se a equipe estiver se reunindo pela primeira vez, falar sobre a necessidade de fazer um acordo entre os participantes com algumas condições, visto que todos são muito ocupados e a produtividade é primordial, portanto:

Discussão será sempre no mesmo nível, não havendo diferenças de cargos e funções. Isso conduzirá para uma comunicação horizontal;

Tempo: quem irá falar, quanto tempo, qual será a sequência – no sentido horário ou anti-horário, ou definido pelo líder, quem controlará o tempo, como será alertado sobre o tempo decorrido;

Evitar repetição de exemplo, a não ser que haja algum fato novo que acrescente algo;

Quem estiver falando não será interrompido, cada um deve aguardar a sua vez de falar. Para evitar a interrupção, cada pessoa anotará de maneira sintética, o que pretende falar, para evitar o esquecimento de algo importante quando chegar a sua vez. Poderá ocorrer que ao longo da explanação, a dúvida poderá se modificar ou ser esclarecida, ou então, antes de chegar a vez, alguém fará algum comentário que modifique ou anule a sua argumentação;

Importante que todos estejam preparados para ouvir atentamente, objetivando aumentar o entendimento;

Não poderá haver conversas paralelas, se houver, será conveniente que a reunião seja interrompida.

No início fazer folhetos com o acordo ou algum display, isso ajudará bastante, até que este método de reunião vire hábito.

Cabe ao líder, conduzir as pessoas a concluir seus pensamentos, de forma objetiva, evitando repetições de tema ou exemplos.

Cuidado com os comportamentos desagregadores nas reuniões

Há comportamentos desagregadores, que podem inibir seriamente o progresso da equipe. São atitudes de falta profissionalismo ou descontrole emocional. São originados por vários motivos, às vezes por atritos do passado, concorrência entre as pessoas, problemas externos trazidos para o trabalho.

O líder da equipe tomará alguma atitude para corrigir o comportamento, mas sem causar embaraço à pessoa, ou criar uma situação desconfortável, ou inibir a participação.

Como lidar com esses comportamentos:

Divagador (*desvia do tema criando situações imaginárias*).
Numa pausa para respirar, gentilmente chame a atenção para a agenda da reunião, bem como para o limite do tempo. Agradeça ao divagador pela sua contribuição, e sintonize a equipe no tópico em que estava a discussão.

Conversas paralelas
Pare, peça aos participantes que espere um momento e olhe para os desagregadores. Esta atitude chamará a atenção deles, e a reunião poderá fluir normalmente;
Se for necessário, chame um pelo nome, sem denotar qualquer atitude de agressividade ou de brincadeira, faça-lhe uma pergunta fácil, ou então peça sua opinião sobre o último comentário do grupo. Lembre-se que o líder da equipe, deve trazer de volta os dois à reunião, e não os embaraçar.

Confuso
Normalmente a pessoa tem dificuldade de ordenação de suas ideias.
Nunca diga: "o que você realmente quer dizer é...", pois isso cria antipatia.
Ajuste as ideias dele o menos possível durante a reunião.
O trabalho para melhorar a explanação de uma ideia, deve ser em ambiente isolado, e em caráter sigiloso, para evitar constrangimento.

Conflitos de personalidades
Enfatize os pontos de concordância entre os dois, minimizando,

se possível, os pontos de discordância, e conduza-os rumo ao objetivo;
Chame a atenção de todos para as "Regras de Conduta" (respeite cada pessoa; critique as ideias, não as pessoas; ouça construtivamente.), enfatizando o respeito às pessoas;
Numa situação extrema, peça licença a todos e proponha a suspensão da reunião.

4. MUDANÇAS QUE OCORRERÃO COM O NOVO MÉTODO

Equilíbrio e ajustes automáticos

Todos passam a detectar inconsistências e a fazer realinhamentos e expurgos, nos equipamentos, nos processos, e pessoas que não contribuam para a evolução da equipe. Grupos mais evoluídos passarão a atuar na melhoria dos grupos inferiores.

Participação das decisões

Não é autonomia total. São decisões que estejam na autonomia da equipe. Atuará nos problemas, nas implementações e nas mudanças necessárias para a melhoria. Só válido e aprovada se: comprovar benefícios e sem causar problemas a outros.

Aumenta o comprometimento, a responsabilidade, a coesão, e ativará todos sentimentos, citados no capítulo "os sentimentos regulam a motivação das pessoas".

Empregados conhecem os problemas e as necessidades, e sabem como resolvê-los.

Treinamento na função

Os empregados mais experientes, trabalhando em sinergia, passam a preparar os menos experientes.

Buscam cursos úteis e aplicáveis de imediato no trabalho, eliminando aqueles para currículos pessoais.

Procuram melhor forma de treinamento e metodologias, que atenda às necessidades da equipe.

Achatamento das hierarquias

Dispensa de supervisores intermediários. Poderá ser escolhido pela equipe um colega do mesmo nível hierárquico para a liderança imediata e não necessita ser definitivo. É mais conveniente, porque haverá um compromisso moral entre quem o nomeou e o nomeado. Começa então a despontar líderes para os cargos de gestão.

Redução da pressão das entidades de classe

O nível de ruído na empresa reduz-se a pequenos grupos. Os discordantes da política da empresa, não encontram mais respaldo em seus argumentos. As entidades de classe terão que buscar outra forma de encontrar eco na empresa, e a única forma certamente será a de parceria.

Redução ou redirecionamento dos departamentos

Alguns departamentos se tornarão dispensáveis, outros sofrerão mudanças radicais na forma de atuar.

Departamentos de Organização e de Controles poderão ser redirecionados, para atuação como consultores internos, porque os processos de racionalização e controle serão executados pelas próprias equipes.

Departamentos de "Auditoria" e de "Recursos Humanos", terão seus processos modificados. A Auditoria passará a atuar também no esquema de parceria na orientação, prevenção e segurança. Recursos Humanos atuará mais forte na atividade controle de pessoal, de consultoria, saúde, prospecção, treinamento e outros aspectos para melhoria no ambiente de trabalho.

Mudança da visão

Visão é o ponto forte de qualquer empresa, sem visão será mais difícil conseguir a evolução, a prevenção e a criatividade.

No método de gestão participativa, todos passarão a ter uma visão ampliada da empresa, reduzindo a miopia sobre o resultado do trabalho. Passam a visualizar oportunidades obvias, como no tópico "A importância da visão de futuro" do capítulo líderes.

Recomendações importantes sobre a gestão participativa

Adotar um método de gestão participativa em um único departamento, somente será válido em 2 alternativas, a primeira para iniciar este novo método de gestão, como demonstração e validação para toda a empresa, a segunda quando o líder da equipe quiser obter sucesso rapidamente em sua carreira profissional.

A primeira alternativa obterá sucesso, quando a cúpula da empresa, tiver conhecimento pleno deste novo método de gestão. Será malsucedido se adotá-lo por simples modismo, porque tomou conhecimento através de outros executivos ou da mídia. Esse alerta se faz necessário, porque será imprescindível uma mudança comportamental de todos os executivos da empresa, começando pela cúpula.

A segunda alternativa não obterá sucesso duradouro, porque o líder não conseguirá manter a motivação da equipe por muito tempo. O "moral" da equipe irá baixando, à medida que forem executadas as políticas gerenciais da empresa, principalmente as avaliações e premiações individuais, as disputadas internas, ou quando ocorrer fatos negativos em outros departamentos, tais como: atritos, demissões, atitudes inadequadas do chefe, sem considerar as dificuldades pela falta sinergia com outras equipes.

5. PREPARAÇÃO PARA MUDANÇA
Empregados detestam mudanças.

A preparação de todo o pessoal envolvido, na implantação da gestão participativa é muito importante, porque os empregados normalmente detestam mudanças, para eles é:
Mais cômodo continuar com os hábitos atuais;
Mais seguro permanecer como está, porque há menos riscos;
Sedutor a sensação de poder ou status;
Difícil vislumbrar benefícios em algo desconhecido.

Convencer os empregados a mudar algo, necessita de um ambiente que favoreça a mudança de mentalidade. Para aceitar mudanças, normalmente as pessoas envolvidas, devem estar convencidas, de que aquilo que está sendo transmitido será bom para elas.

Salientar também, que estamos falando de um novo método, e não é recomendável o uso da coerção, porque participação só ocorre quando há espontaneidade.

Convencer alguém sobre algo requer perspicácia, para tanto o uso do diálogo é o ferramental que usamos para convencer. Para ser convincente será necessário:
Utilizar a "força do argumento" usando a lógica, os exemplos, e demonstrando estar também convencido;
Tratar o assunto com seriedade. Para ter efeito duradouro deve falar a verdade, evitando manobras para convencer.
Ao dialogar, a atitude de ambos deve ser participativa, evitando interpretações inversas ou dúbias;

Quem for fazer a preparação, deve primeiro preparar-se, e somente iniciar os trabalhos, estando convencido sobre os benefícios do novo método de gestão, caso contrário, não terá argumentos convincentes. Se buscar ajuda de pessoas sem preparo, o resultado será confusão.
Os profissionais são formados no método de gestão competitiva, onde o chefe é responsável por tudo e detém o poder de decisão. Portanto, com dificuldade de entendimento, não estarão convencidas da validade e tentarão mesclar os dois métodos.

Estar preparados para as surpresas, pois onde prevalece o clima de poder, como é o caso do método de gestão competitiva, há falsidade, ou seja, nem todos que demonstram estar favoráveis e entusiastas, o são de fato, e subliminarmente, podem estar boicotando as mudanças.

Iniciar a preparação dos chefes para atuação como líderes, e depois a preparação dos membros das equipes.

Os temas a seguir, são sugestões para reflexão, com a finalidade de preparar as pessoas a pensar melhor, como devem viver e conviver neste novo método.

Conscientização sobre a necessidade de atividade do ser humano e o trabalho.

O trabalho é uma necessidade natural do homem. O que faz mal ao homem não é o trabalho, são os sentimentos negativos, as mágoas, a preocupação com o futuro e a insegurança. O trabalho feito com prazer, mesmo que seja estressante ou difícil, traz como retorno a alegria, paz e tranquilidade.

O ser humano não poderá considerar o trabalho como um peso em sua vida.

Uma pessoa na ociosidade entra em desespero rapidamente, basta ver a situação dos doentes, dos presos, dos desempregados, dos aposentados. Muitos têm situação financeira estável, mas o desespero nem sempre é por problemas financeiros, é a necessidade de sair da ociosidade. O ser humano que interrompe a atividade se desespera ou morre logo.

A atividade é uma necessidade natural do ser humano e não uma imposição. Os nossos antepassados não ficaram nas cavernas na ociosidade, saiam para a atividade, era uma necessidade natural do ser humano.

Da mesma maneira que o corpo necessita de alimento, o homem necessita do trabalho. Nosso corpo sente bem quando alimentado, então o homem não pode sentir mal com o trabalho, se isto acontecer há algo errado.

Conscientização sobre a necessidade de enfrentar os desafios com serenidade;

O sucesso na solução dos problemas sempre será obtido através da serenidade, da tranquilidade e no ato de falar e pensar.

No início do dia, esteja preparado psicologicamente para enfrentar seus desafios, porque é assim, desde os primórdios, que o homem agiu.

Esteja preparado para enfrentar algo anormal, seu sapato com um pé preto e outro marrom, sua gravata com pasta dental, sua residência com problemas, trânsito caótico, chuva com alagamentos, deficiências em seus equipamentos de trabalho, colegas com problemas ou de mau humor, o elevador quebrado.

Se pensarmos que isso é um inferno, irá trabalhar no inferno, mas se considerarmos que isso faz parte de sua vida, e que irá enfrentar os desafios com serenidade, então tudo estará melhor.

Quando você chega numa casa e lá tem um cão, preste atenção na recepção, é muita alegria demonstrada, mas logo o cão se acomoda e fica calmo. O ser humano não é diferente.

Ao retornar ao seu lar, mesmo desanimado ou cansado, não caia no sofá dizendo: "dá um tempo", dê um abraço naqueles que o cercam, pois este é um ato tão forte que não necessita de palavras.

Portanto, respeite a vida transmitindo somente coisas boas. Ajude-os a viver melhor e você também vai se sentir melhor.

Análise da função transformadora do ser humano sobre o mundo

O mundo evoluiu, observe à sua volta e veja o que mudou, dos meios de transporte em galho de árvore até o foguete, nós fazemos parte disso. Foi o ser humano o protagonista dessa história através de sua mente.

Não faça do seu ponto de vista uma "questão de honra", ajude a melhorar o que está à sua volta para fazer disso a sua "questão de honra".

Mude os hábitos, seja disciplinado consigo mesmo, não deixe as coisas para depois.

Use o passado só como referência, ele não garante o futuro, o seu futuro está na saída das regras atuais criando novas regras, são elas que irão garantir o futuro.

Sua mente é sua sentença. Portanto abra a sua mente para o futuro. Saia de seu comodismo e esteja atento, talvez este seja o último trem que está passando cheio de oportunidades.

Análise da evolução do homem atuando em grupos desde nossos ancestrais

As pessoas quando se juntam, mudam o curso da história.

Quem vive sozinho, perde a noção da existência humana e passa a agir por instinto, como fazem os animais.

Nossos ancestrais mais remotos se juntavam para vencer os obstáculos, e não pense que hoje é diferente, o que mudou foi o ambiente. Homens formavam grupos para caçar grandes animais, tão necessários para sua sobrevivência. Hoje os grupos ainda têm suas necessidades para sobrevivência. Não seja egoísta consigo mesmo, junte-se ao grupo para fazer história.

Há casos, que o homem só busca ajuda em grupos, quando entra em desespero. Os mais inteligentes não esperam chegar a esse ponto, partem logo para a ajuda mútua. Juntos enfrentam os obstáculos com maior capacidade intelectual e mais força.

Num local onde há várias pessoas trabalhando, sob a mesma coordenação, não é equipe. Equipe é muito mais, são atitudes e atividades que se complementam, indo além do necessário, ultrapassando os limites da obrigação, como os elos da corrente, que só conseguem sucesso entrelaçados. Ajudar sem esperar algo em troca é o princípio básico para o sucesso de uma equipe.

A capacidade do ser humano

As diferenças básicas, entre o animal e o ser humano, são os aspectos da interação dos recursos de pensar e falar, resultando em raciocínio;

Bloquear o ato de falar e pensar estará transformando o ser humano num animal irracional. Pais, parentes, chefes e patrões são os responsáveis pela inibição da capacidade de raciocínio das camadas mais humildes de trabalhadores. Quando solicitado opinião deles sobre o trabalho, respondem "diga o que devo fazer que eu faço!", ao retrucar que queremos aprender com eles, dizem "o senhor está zombando de mim!".

O ser humano tem sua capacidade de raciocínio ativada quando fala. Isso é perceptível quando surge alguma dúvida sobre algum tema, ao explicar a pessoa vai alterando o que foi dito anteriormente dando um novo sentido ao tema, às vezes muda radicalmente o que foi dito inicialmente.

O ato de falar dispara o de ato pensar e essa atividade ativa o raciocínio, o que faz mudar a situação anterior, até que chegue a uma situação melhor. Pessoas com deficiência de audição ou visão têm essa atividade aguçada através da percepção. Eu entrava na sala de aula um colega cego pronunciava meu nome, intrigado com isso, perguntei a ele, como conseguia aquilo, a resposta foi "pelo barulho de suas passadas".

Diferenças básicas entre Chefiar e Liderar (só para os líderes);

O chefe é considerado um "super-homem", tem todos os ingredientes para ter dificuldade de gestão, porque não consegue fazer tudo que lhe compete. Tudo recai sobre ele.
A quantidade e variedade de acontecimentos mexem com seu controle emocional.
O volume de atividades, que deve executar pessoalmente, tira-lhe a condição contar com a ajuda de seus subordinados. Não suportando tanta pressão, recorre à explosão, deixando transparecer, aos olhos dos subordinados, sua incapacidade, o que lhe traz mais complicações.
Em compensação, tem o poder em suas mãos, decidindo tudo. Dependendo de suas atitudes, poderá receber apoio ou ser odiado, alertado ou enganado, por alguns ou por todos os subordinados.

O líder também é considerado um "super-homem" e tem todos os ingredientes para o sucesso. Tendo pouco trabalho para executar, mas suas atribuições exigem muito de seu controle emocional. A função de observador, de negociador, consultor e

articulador, exige cada vez mais, seu raciocínio e equilíbrio emocional. A explosão é perda da capacidade de liderar.
Seu poder é limitado, mas, dependendo de suas atitudes poderá ser respeitado e admirado por seus colegas.

Passe a analisar a si mesmo, para reduzir a indignação e antipatia, que outros tem sobre você. Quando há crítica sobre as atitudes de alguém, é natural visualizar seu chefe ou seu subordinado ou outras pessoas, mas nunca a si mesmo, mas isso não constrói nada. Ao ouvir alguma crítica sobre atitudes inadequadas, passe a policiar sua mente, para não vislumbrar erros e falhas de outras pessoas.

Análise sobre os sentimentos e as ações e reações das pessoas

As ações e reações do ser humano não diferem do animal. Todos agem e reagem, as diferenças estão no momento em que isso ocorre. O animal acuado demonstra claramente sua atitude, o ser humano numa situação idêntica, usa a inteligência, recua aguardando uma oportunidade de sucesso para atacar de surpresa.

No dia a dia os sentimentos disparam as ações e reações, se for negativo haverá problema se for positivo será sucesso. Devemos estar atento aos nossos sentimentos e daqueles que nos cercam, seja no trabalho, na família ou na comunidade. Cuidar dos sentimentos é cuidar da saúde em todos os sentidos. Ajude uns aos outros sempre que for possível, pois você será recompensado de alguma forma, e, certamente a recompensa virá de outra pessoa, às vezes até seja um desconhecido.

Análise sobre o pensamento positivo e o negativo;

Pensamento positivo ajuda a ter serenidade para enfrentar os obstáculos, conseguir encontrar as soluções com calma e persistência. Pensamento negativo faltará a persistência tão necessária para a obtenção de sucesso, no primeiro obstáculo perderemos o ânimo e desistiremos, aí sucumbiremos junto com o problema.

Um problema sempre tem solução, alguns de imediato, outros dependem de tempo para pensar, outros de algum fato novo e outros, a decisão mais sensata, poderá ser "estar preparado para conviver com o problema". Negar a existência do problema ou dizer que não há solução é abraçar o insucesso.

Uma só pessoa transmitindo temas negativos ou atuando com pessimismo, irá contaminar toda equipe e isto, também, é um tipo de problema. Nesse momento todos devem atuar para eliminá-lo.

Análise sobre as diferenças entre dialogar e comunicar;

Comunicar e diferente de dialogar. O ato de comunicar é transmitir alguma informação, é algo que pode distorcer o sentido no meio do caminho. O ato de dialogar é diferente, porque é uma ação de ida e volta. A palavra inglesa que define bem a ação de ajuste ao dialogar é o feedback.

Temos o hábito de falar que nossa comunicação foi boa. Como podemos saber? No diálogo sim, porque há retorno no ato, e se houver distorção há tempo para a correção.

Quando determinamos algo a ser feito, estaremos comunicando e quando discutimos algo a ser feito, estamos dialogando. No trabalho em equipe a eficiência está no diálogo e não na comunicação.

Análise sobre o ato de ouvir e escutar;

São duas palavras com sentidos parecidos, mas, há diferenças entre as duas. Ouvir tem sentido amplo, vale para quase tudo, você ouve música, barulhos, ruídos. Escutar tem sentido mais restrito porque ativa a percepção, serve mais para conversar, dialogar, prosear.

Para escutar é necessário estar em comunhão de ideias, o que é difícil para muitas pessoas, porque a mente é mais rápida e atropela o entendimento. Aí é que entra aquela palavrinha mágica que não temos na nossa língua portuguesa, o famoso feedback.

Num assunto extenso a necessidade de feedback será maior, intercalado várias vezes no meio do assunto. Esperar chegar ao final e perguntar algo que foi dito no começo, pode atrapalhar todo o contexto.

Análise entre somar e dividir esforços;

Aprendemos a multiplicar somando várias vezes, e para dividir subtraímos várias vezes;

Com o trabalho, é a mesma coisa. Trabalho em equipe é multiplicação porque está sempre somando, através da complementação de esforços, troca de experiências, ajuda mútua, etc. Trabalho Individual é divisão, porque na distribuição do trabalho são criadas lacunas que ninguém resolve. Há um trabalho a fazer e o dividimos entre as pessoas, cada um faz sua parte, ao final pensamos que estará completo, aí começa a acontecer os problemas e não sabemos porque isso aconteceu. É simples, quando dividimos um pão em várias fatias, e tentamos juntá-las novamente, o pão não será o mesmo. Se levarmos a uma balança de precisão o peso será menor, isso ocorre porque ao fatiar o pão pequenos farelos se perdem. No trabalho também, quando dividimos pequenos detalhes se perdem, o que chamamos de "lacunas", são elas que provocam os problemas.

Quando não pudermos executar um trabalho em conjunto, podemos eliminar as lacunas através do diálogo, trocando experiências e ideias com os outros colegas. Quem trabalha em: "Operação de máquinas, Call center, Caixa, Atendimento ao público", sabe bem disso porque sempre há uma maneira melhor para executar o trabalho.

Análise sobre as diferentes atitudes das pessoas, que ajudam na soma dos esforços;

Algumas pessoas têm comportamentos inadequados (defeitos), mas suas qualidades podem superar os defeitos. A equipe aprendendo a lidar com essa situação, poderá somar esforços. Entretanto há pessoas com comportamentos insuportáveis ou de difícil convivência, mas isso é minoria. Após tratamento se não melhorar a solução é excluí-la do convívio.

Um exemplo, duas pessoas se complementam quando uma for lenta e detalhista e a outra rápida e superficial. São defeitos e qualidades que se complementam.

Análise sobre o convívio social dos membros de uma equipe;

Embora polêmico, é importante fazer uma análise, pois alguns problemas de relacionamento entre empregados da mesma empresa, têm origem no convívio social interno ou externo (fora da empresa). Sempre escapa algum comentário indevido, seja por falta de assunto, por algum sentimento ferido, ciúmes ou qualquer outro motivo pessoal. Esses comentários são estopins para provocar explosões dentro ou fora da equipe.

Para evitar que isso ocorra, minimizando problemas futuros, a maneira mais simples será um acordo mútuo entre essas pessoas, sejam amigos, namorados, turma do chope ou qualquer outro círculo. O acordo será cortar o comentário indevido logo no início, quando um começar o outro deve cortar, lembrando-o sobre o pacto. Faça como aquelas mães que falam aos seus filhos manhosos "engula o choro", diga então ao colega "engula a mágoa", pois é preferível engoli-la do que engasgar com ela e depois ficar sufocado.

Análise sobre as técnicas e ferramentas de trabalho;

Aprender alguma coisa diferente é muito bom, para quem quer aumentar sua eficiência, mas, em todo aprendizado há um custo embutido, que deve ser considerado, ou seja, haverá despesas, falta ao trabalho, perda de oportunidade quando deixa de executar outra atividade, e, vários outros fatores. Para compensar o custo, o aproveitamento do aprendizado deve trazer resultados em curto prazo, pois, se demorar a ser praticado, também terá perda por esquecimento.

Para se ter resultado positivo em qualquer aprendizado é necessário:

Quem vai aprender deve estar sentindo a necessidade;

Deve ser colocado em prática de imediato;

Deve ter retorno para quem arcou com os custos;

Material de reforço

Não encontramos material sobre gestão participativa, portanto as sugestões abaixo, são alguns casos onde os temas embora seja diferente, ajudaram como reforço na preparação do pessoal.

Ao localizar algum filme que possa ajudar em algum tema,

analisá-lo com cuidado redobrado antes da exibição, principalmente quanto aos aspectos de citamos no capítulo "Equipes Sinérgicas", no item "cuidados com efeitos negativos em filmes, palestras e material escrito".

No passado utilizamos 5 filmes, que certa forma continha algo que ajudava na preparação, mas não estão disponíveis no mercado. Em todos foi necessário edição para dividir as cenas, visando facilitar os comentários e alertas.
Saber Escutar (Britannica)
Treinamento e Aconselhamento (Britannica)
Personalidades Diferentes (Britannica)
A Revolução da Qualidade (Siamar-MTI)
Seu Papel na Qualidade Total (Siamar-Longmar).
Este material foi utilizado como apoio, como partida para análise do tema relacionado.

Estar preparado para enfrentar resistências

O processo de mudança será penoso. Há empresas que já tentaram implantar a gestão participativa, mas depararam com insucesso, porque não será possível mesclar a gestão competitiva e participativa. As duas são antagônicas. O que pode ser feito será a mudança gradativa.

É necessário ter em mente que haverá resistências, pois, o poder é o "ópio" dos gestores.
Uma parte dos ocupantes de cargos de chefia não aceitará as mudanças por perda de status, outros por falta de habilidade no relacionamento com outras pessoas e alguns procurarão boicotar de alguma forma o novo método.

A falsa aceitação será o maior problema, principalmente dos executivos de escalão mais alto, porque agirão com atitudes para dificultar o sucesso, desviando as atividades, criando obstáculos através da morosidade, da burocracia e até criticando métodos. Essas ocorrências dificilmente serão descobertas porque os métodos da gestão competitiva, ainda estarão arraigadas nos subordinados prevalecendo o medo.

A responsabilidade do dirigente máximo

Se houver decisão pela implantação do método de gestão participativa, deverá haver um esforço concentrado de todos.

Mas o sucesso só será obtido se houver o empenho pessoal do dirigente máximo da empresa. Fazendo a divulgação do "novo método". Falando com alguns grupos sobre este novo método. Estes grupos por si só farão fluir, dentro da empresa, a expressão da vontade do empresário.

Deve certificar-se sobre a divulgação e aceitação, pesquisando as reações das pessoas, principalmente nas hierarquias inferiores, ou através de pessoas contratadas para este fim. Quando as mudanças começarem a dar os primeiros resultados, a implantação caminhará sozinha.

Começar no lugar certo

O ideal será iniciar a implantação de cima para baixo, para dar o exemplo e credibilidade. Se a decisão for começar no escalão intermediário, somente será válido para teste ou protótipo, mesmo assim poderá ocorrer fracasso, porque dependerá da escolha dos líderes e confiança dos liderados. Como dissemos o método de gestão competitiva está arraigada nas pessoas, é um método onde todos trabalham para o chefe ou para si próprio e não para a empresa. A vida profissional de cada um depende do chefe: o emprego, salário, promoções e benefícios. Portanto, estão acostumados a satisfazer a vontade do chefe e qualquer iniciativa própria ou que não satisfaça o seu chefe, em seu modo de pensar, irá prejudicá-lo profissionalmente.

A gestão participativa muda o foco da responsabilidade pelos resultados, migrando-a do chefe para a equipe.

A mudança comportamental de todos será o ponto forte; dos atuais chefes para atuarem como líderes, dos subordinados para aceitarem o novo método de atuação em equipe, na visão sobre o trabalho e sobre a empresa. Dependerá de um bom sistema de divulgação, de argumentos para convencer e da confiança que virá dos exemplos praticados pela cúpula da empresa.

O processo de avaliação e premiação

O pagamento por trabalho além do tempo ou do volume contratado, é remuneração e não premiação. O prêmio deve ser distribuído como reconhecimento pela realização de algo excepcional.

Para dar sustentação ao novo método de gestão, os sistemas de avaliação e premiação devem fluir gradativamente para equipes sinérgicas.

Cada sistema dentro da empresa deve ser mapeado para saber quais as equipes estarão envolvidas, ou seja, qual é a interdependência entre elas, qual o grau de contribuição de cada uma sobre a outra. Também será necessário um sistema de monitoramento das equipes para saber quais os resultados obtidos. Lembrar que em algumas equipes será difícil medir resultados, porque são prestadoras de serviços à outras equipes, assim o resultado será conjunto.

A equipe será avaliada pelos resultados e deve se autoavaliar, apontando as causas da boa ou má performance e um plano de eliminação das causas de problemas.

A equipe sabe o que acontece e o que não acontece, portanto, se a causa da má performance da equipe tiver origem externa ou de outra equipe ou de liderança, caberá ao escalão superior atuar na eliminação das causas.

Será necessária astúcia do escalão superior, na eliminação do problema, principalmente no início, porque todos estarão arraigados no método competitivo e as ocorrências do passado continuam ativas na memória deles, ou seja, aqueles atos nocivos tais como estimulo à disputa, atitudes de desforra e outros atos negativos à participação. Para evitar injustiças, antes de tomar qualquer atitude deverá ser feito uma análise dos acontecimentos à luz dos fatos e de preferência por alguém neutro.

Deve haver coerência entre a avaliação e a premiação. As equipes que trabalham integradas devem indicar as outras equipes que contribuíram para o seu sucesso, detalhando como foi a participação da outra equipe. Se houver indicação de alguma equipe que criou obstáculo ou não contribuiu para o sucesso de outra, também deve haver atuação com cautela e astúcia porque fatos do passado poderá estar motivando ciúmes, desforras, revides, etc.

Se os líderes das equipes são coordenadores e não chefes serão avaliados sob a ótica de sua função, ou seja, a liderança.

Se o resultado é objeto do trabalho da equipe, o líder pode ou não ter contribuído para o sucesso, visto que há líderes atuantes e coesos com os integrantes, aqueles que são nulos e os que atrapalham.

Substituição os chefes por líderes

A escolha de um líder deve ser objeto da combinação dos vários fatores, ou seja:
Atitudes de liderança exercida nas funções anteriores.
Aceitação do novo método através da predisposição para adaptar-se a ele.
Avaliação dos liderados em período de experiência.

Uma frase que ouvi numa palestra define bem a escolha do líder: "se você fosse candidato a chefe será que seria eleito por seus colegas?".

A liderança faz a diferença nos resultados. Não havendo liderança, não há equipe.

A substituição será gradativa e natural. À medida que for implantando o sistema de avaliação de desempenho, das equipes e avaliação do líder, o perfil de cada um aparecerá. Muitos chefes, que já atuam com espírito de liderança, adaptarão rapidamente ao novo sistema, outros deverão ser preparados e, alguns, destituídos. Chefes com grau elevado de rejeição no passado, dificilmente, serão aceitos neste novo método.

A atividade de motivação de recursos humanos na empresa passará a ser exercida pelos líderes. Os líderes devem dar motivos para serem aceitos pela sua equipe, caso contrário não haverá motivação e o prejuízo será de todos. O departamento de pessoal deve ser de suporte, de pesquisas, de treinamento, de consultoria, processador de serviços e controle de pessoal.

Para que a mudança comportamental ocorra, será necessário investimento e esforço na escolha e preparação dos líderes. Todo esforço será em vão se os chefes não atuarem como líderes.

O capítulo "Líderes" é a parte mais importante para o sucesso do novo método de gestão. Todo o esforço deve ser investido nesta mudança comportamental.

Definições que devem partir da cúpula da empresa

Definição não quer dizer implantação. A implantação deve ser feita gradativamente, porque não se muda uma empresa da noite para o dia. As definições sim devem estar prontas antes da implantação. As definições visam manter a coerência, entre o que se pretende fazer e o que será feito, as definições antecipadas, contribuem muito, no planejamento da implantação e na comunhão de ideias.

Definir as novas Políticas Gerenciais

As Políticas Gerenciais são diretrizes que norteiam a conduta das gerencias, formas de premiações, sistema de avaliação, direitos, deveres e obrigações de cada funcionário. É como uma constituição.

Itens que não podem ser esquecidos na definição das políticas gerenciais:

Como deverá ser a atuação dos chefes atuando como líderes, definindo a regra de transição.

Como será a transição do sistema de avaliação individual para avaliação das equipes.

Equipes altamente envolvidas, produtivas e evolutivas, devem fazer sua própria avaliação, criando seus próprios indicadores mediante orientação e acompanhamento do escalão superior.

Como será a forma de premiação das equipes.

Não esquecer que a conversão será gradativa, começando a condicionar o pagamento dos prêmios de forma agregada, o prêmio para uma unidade será condicionado ao trabalho do conjunto das equipes que a compõe, mediante análise dos resultados das equipes como um todo, ou seja: se há sucesso quais foram a contribuições das equipes de apoio, fornecedoras, prestadoras de serviços e assessoria.

Implantação das Políticas

As novas políticas gerenciais devem ser implantadas gradativamente:

Primeiro - a mudança comportamental e a forma de atuação em equipe;

Segundo - o sistema de avaliação;

Terceiro - o sistema de premiação.

Será importante que os líderes façam a leitura de pelo menos alguns capítulos para a consolidação das mudanças.

Convencer o escalão intermediário a atuar no novo método de gestão.
No início deste capítulo foi alertado sobre a resistência do escalão intermediário. Portanto o 2º escalão deve participar das discussões sobre a forma de implementação, assim, assumirá a responsabilidade pelo sucesso da implantação. Embora caiba à cúpula da empresa definir as "Políticas Gerenciais", começa aqui a primeira demonstração de uma gestão realmente participativa, envolvendo o escalão intermediário nas definições.

No decorrer da implantação fazer reuniões periódicas de avaliação, com os 2 níveis de escalão inferior, principalmente quanto aos sucessos das 4 fases abaixo.

A intensidade das reuniões de implantação irá se reduzindo gradativamente, à medida que ficar comprovado que houve mudança de comportamento.

Haverá muitas sugestões: boas, embora boas, mas inviáveis, duvidosas, conflitantes entre os 2 métodos de gestão e retrogradas. Não esquecer "critique o resultado e não a sugestão".

Como os escalões inferiores devem atuar
A leitura de alguns capítulos é de suma importância neste momento.

Primeira fase DIVULGAÇÃO:
Discutir com os subordinados com cargos de chefia ou supervisão sobre o novo método, os princípios e conceitos. Isto deve ser feito de cima para baixo até se chegar ao último nível de chefia da hierarquia.

Segunda fase COMPORTAMENTO:
Após a preparação de todos, cada equipe deve descobrir os problemas da unidade, analisá-las e sugerir o combate ao efeito e planejar a solução para as causas, conforme o capítulo "Equipes sinérgicas". Essa atitude gera sentimento positivo de utilidade e de responsabilidade.

Terceira fase CONSOLIDAÇÃO DAS MUDANÇAS
A consolidação ocorrerá quando for comprovada melhoria dos resultados e do ambiente de trabalho.

Quarta fase USO DE TÉCNICAS E FERRAMENTAS

Ainda na terceira fase é necessário que os líderes, passem a perguntar às equipes, quais são as dificuldades para realizar o trabalho, procurando despertar nas pessoas, a necessidade de técnicas e ferramentas. Não se deve forçar o uso de técnicas e ferramentas, caso contrário será desperdício de dinheiro e tempo. Nesta quarta fase, à medida que as equipes passem a sentir a necessidade de técnicas e ferramentas, começa então o processo de "estar consciente sobre o trabalho", sentindo que há uma necessidade latente, mesmo que não saiba qual.

Caso não haja pessoas que conheçam as técnicas e ferramentas necessárias, deve contratar pessoas especializadas (consultores), para a preparação das pessoas antes da implantação. Deve ter cuidado para não criar expectativas que não serão atendidas e ficar claro, para os usuários, qual a finalidade daquele recurso, quais as vantagens, em que circunstâncias podem ser aplicadas, evitando rejeição por frustração ou desconhecimento.

6. OS SENTIMENTOS REGULAM A MOTIVAÇÃO DAS PESSOAS

O efeito dos sentimentos sobre o trabalho, na família e na sociedade.

O ponto forte da gestão participativa é saber aproveitar o sentimento das pessoas, para que elas trabalhem de maneira a satisfazer as necessidades da empresa e delas própria. O ser humano é movido pelos sentimentos. É neste aspecto que estão as principais diferenças entre: as empresas, as famílias, a gestão pública ou qualquer atividade na sociedade.

Numa analogia entre alegria e dor, podemos comparar o sentimento positivo à alegria e o negativo à dor. Quando estamos alegres sorrimos e às vezes demonstramos com alguma atitude corporal, quando sentimos dor choramos, gritamos, reclamamos, agredimos.

Por isso os sentimentos negativos causam estrago e também ficam mais tempo em nosso consciente. Procure lembrar dos seus momentos de alegria e de tristeza. Certamente se lembrará mais das tristezas, porque as marcas são mais profundas.

Uma pessoa estando com sentimentos negativos, passa a sentir uma tristeza que a incomoda, como se fosse uma dor. Então inconscientemente não trabalhará a favor da empresa, ou agirá com atitudes desastrosas na empresa, no seu convívio famíliar e social.

Os sentimentos negativos são: as mágoas ou ressentimentos originados por atitudes de desprezo, crueldade, perseguição, inutilidade, desrespeito e injustiça. Estes sentimentos podem originar tanto na aplicação das políticas da empresa, quanto nas atitudes dos dirigentes, no relacionamento no trabalho, na família e na sociedade.

Os sentimentos são: afetividade, criatividade, humanidade, justiça, respeito, responsabilidade, solidariedade, utilidade. Estes sentimentos, causam alegria ou tristeza interior, é através deles que o empregado age, às vezes inconscientemente, contra ou a favor da sua empresa e também fora dela.

O reflexo dos sentimentos sobre o trabalho, faz a diferença numa concorrência entre as empresas. É difícil separar os reflexos das relações trabalhistas com as familiares e sociais, portanto à medida que um ambiente melhora ou piora, os demais também sentem os reflexos.

Há empresas e entidades que se preocupam com relações na família ou na sociedade.

Há empresas que contratam assistentes sociais para ajudar nessa empreitada, com atividades de aconselhamento sobre o relacionamento familiar, controle financeiro ou financiam atividades de lazer ou sociais; promovendo festas, esportes, etc.

Há também, entidades religiosas e civis, que fazem um trabalho voltado para a melhoria das relações **familiares** ou **sociais**, que acabam refletindo no trabalho. Neste aspecto conheço algumas atividades promovido pela Igreja Católica, que embora voltado para a família acaba refletindo no trabalho e na sociedade.

Empregados quando retornam para suas residências, cansados, querem deixar a conversa para depois. Este é um erro irreparável. O momento certo é no ato da chegada. O pai que chega em casa, dá um abraço nos seus familiares, mesmo sem dizer nada, está mexendo com os sentimentos positivos de todos, inclusive o seu. Os gestos são mais fortes que as palavras.

As crianças tendem repetir os exemplos dos pais, agindo na sociedade com gestos aprendidos no ambiente familiar.

O líder ao ser procurado não pode dizer "depois falamos", ouça por 1 minuto e marque para depois a continuidade da conversa. A motivação está relacionada com os sentimentos, é por isso que o líder deve estar atento ao ambiente e às atitudes de seus liderados. Com o tempo conseguirá perceber anormalidades, seja na forma de agir das pessoas ou através da fisionomia alterada delas.

Os comentários a seguir são relacionados aos sentimentos positivos, que podem tornar-se negativos se o ambiente não for propício, conforme comentamos nos capítulos anteriores.

Afetividade

É um sentimento que advém das atitudes de: carinho, afago, ternura, delicadeza, cortesia.

É através deste sentimento que uma pessoa fica desarmada de suas reações de defesa, perante a outra.
Animais tratados com delicadeza e afagos reagem de maneira calma, tranquila. Aqueles que são tratados com brutalidade e rudeza reagem de maneira violenta. O ser humano não é diferente de outros animais, quer ser tratado com afeto, portanto, quando tratamos uma pessoa com atitudes de afetividade, dificilmente ela nos negará um pedido de ajuda. Aquele "tapinha nas costas" descontrola qualquer reação de animosidade.
Há líderes que sabem criar um ambiente propício ao trabalho partilhado, um de seus recursos é sempre a afetividade com todos os seus liderados. Essa atitude aumenta o sentimento de respeito, lembrando que há 2 maneiras de ser respeitado, pela admiração ou medo.

Criatividade

As pessoas são criativas por natureza, faz parte da necessidade do ser humano, é a alegria de se sentir realizado. Se o homem não fosse criativo o mundo seria totalmente diferente.
As crianças quando criam algo, expressam sua alegria de forma espontânea, mais evidente e diferente do adulto. O adulto tem vergonha de expressar sua alegria com a mesma espontaneidade, mas interiormente tem os mesmos sentimentos.
Quando uma pessoa sugere algo de seu próprio trabalho, fará o impossível para que tudo dê certo. O sucesso daquilo que sugeriu é uma questão de honra e, quando vê o resultado, orgulha-se daquilo que fez.
Por isso, nos projetos em que há a participação do executor, tem todos os requisitos para o sucesso, porque ninguém gosta de executar uma tarefa que lhe foi imposta, que não sente ser sua.
A aceitação de uma ideia que advém de outra pessoa, só será bem aceita quando há um ambiente solidário e sinérgico. Nestes casos, não havendo vantagens individuais, o sentimento de criatividade continuará positivo.
O termo "padrão" as vezes tem significado errôneo, como algo que não poderá mudar, uma "camisa de força", então passa a ser o inimigo ferrenho da criatividade. Este termo deve significar

"parâmetro" que pode mudar sempre que for descoberto algo melhor, formando um novo "parâmetro".

Humanidade e Justiça

O sentimento de humanidade e de justiça, estão interligados, porque humanidade são atitudes de bondade, de compaixão e a justiça na forma de julgar uma pessoa de forma justa, não prejudicando e nem favorecendo.
Ninguém aceita atitudes desumanas ou injustas. Quando percebem atitudes desumanas ou de injustiça, as pessoas reagem contra os opressores. As reações podem ser de uma maneira declarada ou subliminar, isto é, se dá de forma inconsciente através dos sentimentos.
Portanto, é preciso ter cuidado com punições desumanas ou injustas, pois elas ativam a indignação das outras pessoas que reagem de forma imperceptível.
São raros os casos em que alguém sai em defesa dos injustiçados de forma declarada, com medo de se expor e sofrer a mesma consequência, procuram "dar o troco" através de meios indiretos.

Respeito

Respeitar é ter consideração, ter estima e atenção com alguém, é considerá-lo importante, formidável. Quando a pessoa é tratada com respeito, ela também agirá da mesma forma.
No trabalho os empregados querem sentir-se respeitados, nas suas opiniões, naquilo que fazem ou fizeram ou até naquilo que deixaram de fazer. As empresas investem fortunas num empregado, mas não são capazes de incentivá-los a fazer mais através do diálogo.
Quando um empregado é ouvido em seu trabalho, sente que está sendo respeitado. Da mesma forma, quando uma pessoa não está agindo de forma adequada, deve-se conversar com ela de maneira a convencer com argumentos. É o respeito pelas pessoas.
As pessoas não se sentem mal ao serem recriminadas, elas se sentem mal na maneira como se dá a recriminação, quando são agredidas como pessoa.
O processo de motivação de maior valor é aquele que se faz no dia a dia, através do diálogo com energia, mas sem faltar com o respeito pela pessoa. As pessoas não querem piedade, querem

respeito. Ninguém impõe respeito sendo rude, mal-educado, mal-humorado, estas atitudes impõe é o medo que é um dos inimigos da motivação.

Entre os meus 7 a 15 anos de idade, convivi e aprendi muito com meu avô, conversávamos bastante sobre as atitudes das pessoas, ele era maravilhoso em seus ensinamentos. Sobre respeito pelas pessoas ele me ensinou, dizendo:

Ajude as pessoas sem esperar retorno da ajuda, algum dia alguém lhe ajudará também;

Não faça julgamentos precipitados, só Deus conhece a intimidade para julgar com justiça;

Seja educado até para impor sua autoridade e exigir respeito;

Aprendemos com outras pessoas, não seja egoísta deixando de ensinar tudo que você sabe;

Ao ensinar as pessoas não lhe dê o peixe, ensine-o a pescar, caso contrário amanhã ele morrerá de fome;

Respeite aqueles menos privilegiados, talvez no futuro um deles poderá se tornar seu patrão.

Respeite a dignidade das pessoas. Quando ajudar alguém, não dê esmola, mas diga-lhe "me pague quando você puder!". Se disser que nunca terá condições de lhe pagar, diga-lhe: "só Deus conhece o futuro!";

Não confunda pessoas humildes com submissas, pois humildade é ser honrado e admirado, mas a submissão é degradação.

Esses ensinamentos foram de muita valia na minha vida familiar, escolar, profissional e social.

Responsabilidade

Responsabilidade vem do interior, é um sentimento pessoal, não compra, não ganha, não impõe e não se dá, mas pode ser compartilhada.

A responsabilidade é assumida através do sentimento, é necessário que se sinta proprietário e orgulhoso daquilo que está fazendo. A determinação ou imputação de responsabilidade não é assumida, porque não houve aceitação, o sentimento passa a rejeitá-lo. Assumindo a responsabilidade verbalmente, o íntimo continuará rejeitando-a, e na primeira oportunidade irá devolver a responsabilidade a quem lhe entregou.

Quando dizemos a uma pessoa "necessito de sua ajuda, você pode me ajudar?", se a pessoa se dispõe a dar essa ajuda, começa a ativar o sentimento de responsabilidade. Não surtiria o mesmo efeito dizer: "você vai me ajudar nisto!".

Também podemos perceber o sentimento de responsabilidade nas crianças, quando conversamos com elas e as ouvimos com atenção e carinho. Vale lembrar que alguns países investem fortemente na educação das crianças, ensinando os valores sociais, e o resultado é bem maior que as leis e regulamentos, que são difíceis e dispendiosos de serem executados.

Solidariedade

O mundo seria diferente se aprendêssemos a conhecer melhor o significado das palavras, principalmente a "solidariedade". Há pessoas que sente prazer auxiliar, colaborar, ser útil ou prestativo a alguém. Essas ações dão origem ao sentimento de solidariedade.

Este sentimento, quando começa a ser praticado, deixa as pessoas mais sensíveis, melhora o diálogo, aumenta a visão sobre o inter-relacionamento pessoal.

Mas, é difícil ser solidário, depende de desprendimento das pessoas, é dar sem esperar algo em troca. Tendendo mais para as atitudes racionais, e, menos para as emocionais, desequilibra os atos de solidariedade das pessoas, mas vale a pena o esforço.

Uma importante atitude de solidariedade, será ajudar outras pessoas, a descobrir o prazer de ser solidário.

No trabalho em equipe a solidariedade é fundamental. A equipe não sobreviverá se não houver atitudes solidárias entre seus membros.

Cabe ao líder incentivar seus liderados nos atos de solidariedade. À medida que começam as atitudes isoladas de solidariedade, o processo de união começa a ser ativado dentro da equipe.

É comum ouvir a frase "empresa não tem coração por isso é tão racional". Isso é um erro imperdoável porque a empresa é composta de pessoas.

Utilidade

Todos empregados devem sentir-se úteis, pois o sentimento de utilidade faz bem às pessoas, elas passam a ter uma saúde melhor, mais agilidade e interesse na melhoria daquilo que faz.

Um empregado tem necessidade de conhecer a utilidade daquilo que está executando, porque não sabendo que está sendo útil, passa a atuar sem motivação.

As pessoas que trabalham na contabilidade, limpeza e segurança são tão importantes quanto as que trabalham na área de vendas.

Este sentimento é que move as pessoas, sem utilidade elas começam a sentir mal. Basta prestar atenção nas atitudes de uma pessoa com alguma deficiência física, não aceita ser considerada inútil, faz um esforço além de suas possibilidades para se mostrar capaz.

Quando uma empresa deseja se livrar de um empregado, o coloca numa situação de ociosidade e o resultado vem logo, em pouco tempo ele solicita a sua demissão.

7. DIFERENÇAS ENTRE GESTÃO PARTICIPATIVA E COMPETITIVA

Qual dos dois métodos é mais fácil para o corpo diretivo gerir a empresa

O método participativo embora seja mais trabalhoso para os executivos, porque exige deles maior participação, atuação com espírito de liderança, boa capacidade de negociação e mais trabalho de acompanhamento, há compensações, porque a empresa terá todos os ingredientes para conseguir o trabalho em equipe, melhorando os resultados, maior empenho dos empregados na prevenção e solução de problemas, melhor ambiente, melhoria da qualidade e produtividade, maior competitividade, estabilidade e melhores resultados.

O método competitivo é menos trabalhoso porque fixando as metas e imputando a responsabilidade aos chefes, o acompanhamento será facilitado. Mas essa facilidade tem um custo, pois a empresa terá dificuldade de equilíbrio, mais distúrbios internos, dificuldades para conseguir qualidade, menor produtividade, menor competitividade e menor participação dos empregados no combate aos problemas, o trabalho em equipe não será sinérgico.

Gerir uma empresa não é tão fácil como se pensa. No final deste capítulo há um quadro comparativo apontando as vantagens e as desvantagens de cada um dos métodos.

Nos relatos e nas comparações sobre os 2 métodos, que serão analisados em seguida, ficará mais fácil a percepção das diferenças. O que deve levado em consideração na comparação dos 2 métodos, é a facilidade ou a dificuldade para obtenção dos resultados e a estabilidade da empresa.

Gestão Participativa

Este método, não abandona a pirâmide da hierarquia, primordial no esquema de liderança, mas atribui a responsabilidade às equipes e a seus líderes, ficando ambos corresponsáveis pelos resultados.

O princípio de trabalho em equipe é a atuação de forma sinérgica, através da integração com participação e coesão. A equipe passa a ter autonomia nas decisões sobre tudo que afetar: o resultado, o trabalho ou a própria equipe.

Isso será possível porque os chefes passam a atuar como líderes, sendo sua responsabilidade o bom desempenho e a evolução da equipe. No início da implantação haverá uma dificuldade natural na atuação do "Corpo Diretivo", porque mudar atitudes de comandantes para líderes não é fácil, e acreditar numa ação desconhecida é difícil.

Depois de certo tempo, a escolha de uma pessoa para assumir o cargo de líder ficará mais fácil, porque atuando em equipe, aquele que tem o dom de liderar ficará visível, e nem sempre será o mais produtivo ou com maior conhecimento.

O princípio da sinergia é a ultrapassagem dos limites da responsabilidade, para tanto os controles e acompanhamento devem prever a corresponsabilidade de uma equipe com as outras, sendo primordial o mapeamento da cadeia de atividades.

Mudanças comportamentais ocorrerão após a implantação, ou seja:
Quando um empregado é admitido há um processo natural de inserção dele no ambiente de trabalho. A sua preparação para o trabalho em equipe será facilitada.

Os empregados ampliarão o âmbito de atuação, saindo de seu local de trabalho para ouvir clientes internos e externos, melhorar a parceria com fornecedores e prestadores de serviços, também internos e externos.

A preocupação principal será com os resultados e a melhoria da qualidade com aumento da produtividade, e não os números de metas individuais. A partir de então passarão a trabalhar para a empresa e não para seu chefe.

Os empregados abdicarão de suas preferências pessoais para atuar naquilo que for melhor para a equipe.

São condenadas na gestão participativa, as atitudes e ou recursos abaixo, porque são desagregadoras e, portanto, prejudiciais à formação de equipes, assim devem ser banidas.

<u>INDIVIDUALISMO</u> suprimir toda e qualquer toda forma de individualismo;

<u>COMPETIÇÃO</u> não promover nenhuma atividade dessa

natureza, seja as disputas, as gincanas ou outros tipos de competição.

MERCENARISMO não estimular o mercenarismo de qualquer natureza, ou seja, pagar alguém para obter um *plus*;

NEGATIVISMO ou PESSIMISMO – combatê-los sempre porque baixa o moral da equipe, provoca desestímulo e não há contribuição para a pessoa ou para a equipe;

PUNIÇÃO não utilizar este recurso simplesmente para servir de exemplo. Só haverá justiça quando houver análise das causas, e o funcionário sob julgamento puder ser ouvido em sua própria defesa;

FESTA, CHURRASCO, ou QUALQUER RECURSO EXTERNO – não os utilizar para melhorar o ambiente de trabalho. Todos os esforços para melhorar o ambiente de trabalho devem ser buscados internamente no dia a dia.

Haverá uma mudança de visão dos empregados, tendo a permissão para opinarem e atuarem em prol da empresa, por estarem mais envolvidos e com maior conhecimento dos processos e sistemas em que atuam, passam a ter uma visão ampliada podendo desenvolver melhor seu trabalho.

No trabalho participativo a capacidade das pessoas fica às claras, então se for necessário fazer ajustes não há o perigo de cometer erros. Quando falamos em ajustes, pode ser melhoria ou a dispensa do funcionário.

A troca da força de trabalho será menor, porque a equipe fará os ajustes necessários evitando a dispensa daqueles recuperáveis, dos injustiçados e dos deficientes temporários.

A redução do custo final dos produtos ocorrerá automaticamente, porque:

Os gastos com pagamentos extras para aumento da produtividade e melhoria da qualidade serão eliminados.

Os empregados estarão envolvidos em toda a cadeia produtiva da empresa e participarão do processo de compras, a aquisição de produtos considerará a qualidade, durabilidade e utilidade no cálculo do preço ao invés do menor preço.

Desperdícios serão reduzidos porque as pessoas estarão mais conscientes e assumirão suas responsabilidades naturalmente. E quando isso não ocorrer, os colegas farão o ajuste que for necessário para adaptar o negligente.

Sistema de "cota parte" como limite para controlar gastos e gerir despesas, será utilizada como ferramental, ou seja, um guia para as equipes medir os resultados e não como bloqueio dos gastos, porque neste método de gestão a equipe terá que prestar contas dos resultados e fará a fiscalização dos gastos desnecessários.

Os controles para evitar burlas aos números também será reduzido, porque quem vender terá que entregar aquilo que vendeu. Os demais departamentos da empresa estarão monitorando os sistemas, o primeiro a se manifestar será o departamento de entregas, porque ao ouvir o cliente o problema aparecerá e ninguém irá permitir que um departamento prejudique os resultados.

A fidelidade à empresa será maior porque o que regula a consciência dos empregados são os sentimentos e aí o sentimento de solidariedade estará ativo.

Gestão Competitiva (Através de Objetivos – MBO)

Baixa liderança e sinergia, principalmente nos últimos tempos, com adoção da gestão ou autonomia segmentada, onde a pirâmide organizacional é desmontada, tornando o presidente da empresa um mero espectador.

Este método de gestão atribui a responsabilidade aos chefes, que prestarão contas sobre tudo que ocorre na empresa. Para permitir a obtenção de resultados, as atividades estão concentradas principalmente nos seguintes itens: fixação e controle de metas, acompanhamento de produtividade, controle e redução de despesas, avaliação individual da força de trabalho, troca de empregados, fixação de normas e procedimentos.

O princípio do trabalho está concentrado nos objetivos e metas, distribuídos individualmente aos subordinados. Esta forma de atuar cria uma dificuldade de integração, irresponsabilidade com o trabalho, inércia diante dos problemas, despreocupação com a qualidade, com as despesas e com os desperdícios.

Cada empregado tendo sua obrigação a cumprir, cria bloqueio às atividades de sinergia e as atitudes de solidariedade não são praticadas, assim quando há referência a uma equipe nem sempre elas existem de fato, é somente uma forma de identificar um grupo de trabalhadores. Quando há equipes verdadeiras elas atuam com dificuldade de sinergia.

Em função do ambiente desfavorável à ativação dos sentimentos positivos, atitudes comportamentais negativas se propagam contaminando todo o ambiente. Os novos empregados demoram muito para a adaptação e começar a produzir.

Os empregados têm seu âmbito de atuação limitado, por desconhecer o grau de contribuição de seu trabalho na rotina, no processo e no sistema.

Não faz parte de suas obrigações ouvir clientes. Os clientes ao reclamar sugerir e pedir explicações, é visto como causador de problemas.

Pouca sinergia com os fornecedores e prestadores de serviços, e o relacionamento concentra-se naquilo que foi contratado. Por outro lado, nem sempre a contratação foi feita por alguém que conhece a atividade ou dificuldade para definir detalhes de prejuízos indiretos.

Os chefes desconhecem a capacidade de seus subordinados. As causas advêm da metodologia para medir a capacidade através das metas, pelo sistema de comunicação verticalizada, pela ausência de sinergia entre colegas e equipes.

Em suma, a preocupação concentra-se nas metas individuais, não tendo responsabilidade pelos resultados e nem pela qualidade e produtividade, embora os empregados sejam cobrados por isso.

Não há preocupação com a equipe, e quando há, está sempre em segundo ou terceiro plano, tudo está concentrado no indivíduo.

Quadro comparativo dos métodos de gestão

Gestão Participativa	Gestão competitiva
Trabalho em equipe.	Competição entre as pessoas.
Produção por equipes, através de metas.	Produção individual, através de metas.
Avaliação de equipes.	Avaliação individual.
Premiação por equipes integradas (sucesso de uma equipe depende de outras equipes).	Premiação individual.
Comunicação horizontalizada.	Comunicação verticalizada.

Quadro de análise das diferenças básicas

Gestão Participativa		Gestão competitiva	
Vantagens	Desvantagens	Vantagens	Desvantagens
Estimula o espírito de equipe.	Pessoas individualistas são marginalizadas pelas equipes.	Destaque de valores individuais com desempenho acima da média.	Desmotiva os demais empregados por ciúmes ou por falta de reconhecimento.
As responsabilidades são assumidas espontaneamente.	Dificuldades para apurar responsabilidades pessoais.	Facilita a definição de responsabilidades.	Punições injustas por falhas nos processos.
Maior motivação e envolvimento de todos.	Dificuldades para definir um sistema de premiações que atenda às equipes.	Racionalidade nas premiações.	Desagregação das equipes.
Seleção de pessoal feita pela própria equipe, avaliando e excluindo quem atrapalha.	Os valores individuais que não se adaptam ao trabalho conjunto são marginalizados.	Sistema de informação sobre o desempenho de cada funcionário.	Capacidade individual distorcido por considerar todos iguais.

Os chefes são avaliados como líderes e não mais como subordinados.	Dificuldades para nomear líderes sem a participação da equipe.	Avaliação de desempenho dos chefes em curto prazo.	Problemas encobertos que explodem em longo prazo.
Comunicação horizontal. Como resultado, haverá um ângulo de visão bem direcionado.	Necessidade de um sistema de comunicação eficiente.	Comunicação vertical. Sistema de comunicação simplificado com ângulo de visão reduzido.	Erros cometidos por falta de diálogo.
Coesão entre as equipes.	Necessidade de melhor planejamento.	Facilidade na definição de responsabilidade.	Dificuldades nos trabalhos sinérgicos.
Enfrenta situações de crise com maior naturalidade.	Dificuldades de adaptação dos gerentes autocratas.	Facilidade na caça ao culpado.	Em situação de crise, "salve-se quem puder".

8. A EMPRESA IDEAL

Empresários, empregados e governantes desejam uma empresa ideal.

Os anseios e desejos dos empresários, empregados e governantes são idênticos, mas não conseguem sintonia por falta de visão de futuro e tendo pontos de vista diferentes. A falta de sintonia decorre da não utilização da atividade de pensar e falar, recurso este que difere o humano dos demais animais.

Pensando (planejando) e falando (dialogado) poderiam atingir os objetivos, porque os recursos são complementares, todos tem seus recursos, mas individualmente são insuficientes para atingir seus anseios e desejos.

Uma empresa é uma entidade **invisível** e inerte, mas é gerida por 3 entidades **visíveis** e ativas que são:
Os empresários fornecem os recursos dentro da empresa;
Os empregados fazem a gestão dos recursos para gerar renda para todos;
Os governantes fornecem a infraestrutura de sobrevivência fora da empresa.
Portanto, juntos alcançarão o mesmo objetivo, ou seja, obter renda através da transformação das matérias da natureza em alimentos ou em bens, através da prestação de serviços, ou na manutenção da natureza.

Em qualquer atividade – vida pessoal, familiar, empresarial, governamental as pessoas não podem esquecer o objetivo a ser alcançado. Para gerir qualquer das atividades acima há metodologias, ferramentas e caminhos. Empresários, empregados e governantes não podem se perder com ilusões ou em atalhos.

Desejar algo é normal, querer que caia do céu é utopia, portanto todos terão que agir em conjunto, mas cada qual com sua responsabilidade, mas sempre como uma equipe.

Para conseguir uma empresa ideal é necessário o diálogo entre todos (governantes, empresários e empregados) e sempre focado nos desejos e anseios de todos.

Os desejos dos governantes

Os governantes gostariam de ter o maior número possível de empresas em atividade.

Que fossem **produtivas** e **competitivas** – para concorrer no mínimo em igualdade de condições com empresas de outros países.

Que gerasse renda para pagar os **impostos** – o suficiente para a manutenção das funções do governo.

Tendo **empregados bem remunerados** – para uma sobrevivência mais saudável com menos gastos do governo com as pessoas.

A responsabilidade dos governantes

Os governantes devem promover as condições para a subsistência das pessoas jurídicas (empresas) e físicas (humano), pois a fonte de rendas advém destas duas entidades.

A atuação dos governantes deve favorecer a evolução das pessoas, através de uma competente gestão, fornecendo uma infraestrutura eficiente, tais como: estradas, energia, segurança, saúde, comunicação, educação, etc.

Para fornecer esta infraestrutura deverá cobrar uma contribuição igual ou menor do que as cobradas por outros governantes, caso contrário, a empresa desaparecerá e o capital será desviado para atividades improdutivas ou enviada para outros lugares onde os governantes são melhores gestores.

Quando uma empresa desaparece, a perda será maior para os empregados, porque deixam de obter a renda de sobrevivência e ainda continuam sendo obrigados a sustentar os governantes através dos impostos daquilo que consomem.

Gestão pública não está excluída deste tema, há similaridade entre elas no que tange à sinergia, porque os empregados das empresas necessitam trabalhar ouvindo colegas, clientes e fornecedores, por outro lado os Governantes devem ouvir a comunidade para evoluir e obter resultados.

Deve cuidar da formação familiar, pois são formadoras dos

valores individuais e cuidadoras do ambiente social. O resultado será uma gestão menos dispendiosa, em segurança, saúde, controles e manutenção da natureza.

Os desejos dos empresários

Os empresários gostariam de ter uma empresa **rentável** onde o capital investido tivesse retorno.
Que fosse **estabilizada** sem crises internas.
Que estivesse sempre **organizada** onde os processos tivessem o menor custo, para competir com folga.
Tendo **empregados motivados** sem causar problemas de ordem interna e externa.
Que estivesse **evoluindo sempre** de maneira a garantir o futuro.
Com possibilidade de **perpetuação** onde os seus descendentes pudessem dar continuidade ao empreendimento.
Enfim, uma empresa promissora.

A responsabilidade dos empresários

O empresário quando decide aplicar seu capital numa empresa, faz uma opção, porque há outros meios para fazer seu capital gerar renda. Portanto, é necessário estar consciente que, a renda das empresas necessita ser maior que a renda de juros sobre o capital, caso contrário a empresa será desativada.

Os empresários têm a responsabilidade de fornecer as condições para que a empresa cumpra sua obrigação social, indo além fornecimento do capital, ou seja, dando condições aos empregados para gerir a empresa.

Devem atuar de forma responsável, na manutenção da natureza, participando da gestão da empresa, ouvindo os empregados, ajudando a comunidade na preparação das famílias para que crianças e jovens tenham formação com valores éticos e saudáveis, a fim de obter uma convivência social harmoniosa.

Os anseios dos empregados

Os empregados gostariam de trabalhar numa empresa tendo **uma remuneração justa** – que atenda à sobrevivência familiar e adequada ao mercado.

Com **estabilidade** não tendo que se preocupar constantemente com o desemprego.

Com **liberdade para trabalhar** sem medo de punições injustas, sem burocracias, com permissão para eliminar tudo aquilo que atrapalha e tolhe o futuro.

Desejam um **líder** sendo permitido pensar, falar e agir.

Esperam **perspectivas de melhoria de vida**, chegando ao fim de sua carreira com possibilidade de descansar.

Enfim, estando **despreocupados com o futuro** vivendo o presente com firmeza e determinação.

A responsabilidade dos empregados

É de suma importância que os empregados tenham em mente, que ninguém disponibiliza seu patrimônio para perdê-lo. Portanto, eles devem estar conscientes que a empresa tem que obter resultados, caso contrário o empresário irá salvar o seu patrimônio desativando-a.

Do lado externo da empresa estão os empresários e governantes, e do lado interno estão os empregados. Portanto, são os empregados os responsáveis pela manutenção da estabilidade e, obtenção dos resultados, porque são conhecedores de tudo que acontece dentro e fora da empresa.

Quando eles, empregados, procuram desequilibrar a empresa, seja através da disputa interna, agindo contra a empresa, ou tirando proveito em benefício próprio, estarão trabalhando contra si mesmo, porque a empresa perecerá e todos, empregados, empresários e governantes, serão prejudicados.

Os empregados devem ser os guardiões da empresa, não permitindo que ela seja prejudicada por um pequeno grupo de colegas, ou mesmo pelo empresário ou pelos governantes.

É utopia pensar que não há problemas internos na empresa.

Ora se os desejos dos empresários e os anseios dos empregados são os mesmos, teoricamente não haveria motivos para distúrbios. Mas basta acompanhar o dia a dia da uma empresa, embora imperceptível e em menor ou maior proporção, constatar que ocorre alguma das seguintes situações:

Não trabalham com empenho a fim de atingir o que querem;

Há lutas contra a empresa utilizando as entidades de classe, que muitas vezes agem com interesses escusos;

Há atritos entre colegas, equipes, chefes e subordinados;

Criam barreiras com burocracias e boicotes que bloqueiam o desenvolvimento do próprio trabalho;

Há clamor por justiça, culpando a empresa por atitudes dos colegas;

Há incoerências entre pensamentos e atitudes;

Há confrontos, mesmo sabendo que em qualquer guerra só há perdedores e que, numa situação de confronto, os dois lados perdem.

A difícil tarefa de definir as políticas de recursos humanos

Percebemos que é mais fácil definir as políticas gerenciais para os processos e formas de negócios, do que definir as políticas de recursos humanos. Para utilizar bem os potenciais das pessoas é necessário utilizar as armas das pessoas, que são os seus sentimentos.

Políticas de recursos humanos bem definidas, são aquelas que levam em consideração as necessidades visíveis e invisíveis do ser humano.

A empresa é impessoal, o que a representa são os empregados.

São os empregados que dirigem a empresa, iniciando no trabalhador mais simples e terminando no dirigente máximo. Quando nos relacionamos com uma empresa, na verdade estamos nos relacionando com algum empregado, a partir dessa relação podemos dizer se a empresa é boa ou ruim.

Quando estamos dizendo que cuidar das pessoas é cuidar da própria empresa, estamos fazendo referência ao que dissemos no parágrafo anterior. Nas empresas a maioria dos problemas tem origem nas pessoas. É por isto que a empresa é sensível, vulnerável, porque as pessoas têm sentimentos e estes, consequentemente, afetam as empresas.

Cada pessoa tem sua própria personalidade, é importante conhecê-las e saber aproveitar o lado bom delas. A mescla das várias personalidades, se bem trabalhadas, será de grande valia. Cada um tem seu grau de contribuição dentro da equipe. Também os hábitos e temperamentos se bem trabalhados podem ajudar as empresas.

É importante combater os confrontos, falar a mesma linguagem, ter uma comunicação no mesmo nível, promover o redirecionamento de todos para o mesmo rumo, ou seja, a empresa.

A transformação somente ocorrerá, com a adoção da liderança em todos os níveis da empresa.

Através da adequação das atitudes que, alinhadas aos desejos dos empresários e anseios dos empregados, se caminhará rumo à empresa Ideal.

A empresa ideal é possível, mas depende de um método de gestão coerente.

A empresa ideal é possível sim! Se por um lado o empresário não pode ir adotando qualquer modismo de gestão que aparece, por outro lado, também não pode ficar parado no tempo, acreditando que o método praticado na empresa está adequado, perdendo as oportunidades de melhoria.

É necessário ter uma postura aberta para mudanças, mas reflexiva, descartando os modismos e adotando as metodologias coerentes com os desejos dos empresários e anseios dos empregados, estando atento às ocorrências internas e atuando nas causas.

9. REFLEXÃO SOBRE A GESTÃO EMPRESARIAL

Ressalva sobre os comentários a respeito da gestão empresarial e dirigentes

Ao abordarmos os problemas da gestão empresarial e as atitudes dos dirigentes, não estamos denegrindo a imagem de nenhum empresário ou qualquer ocupante de cargo de chefia, pois nossa abordagem está centrada exclusivamente no método de gestão, onde os métodos utilizados criam problemas e dificuldades para as pessoas, na parte sensível da atividade humana, que são os sentimentos. Esta é uma abordagem genérica feita através de observações, realizadas ao longo da minha carreira profisional e convivência com os vários escalões de diversas empresas.

Nas empresas que adotam a gestão competitiva, há empresários que procuram orientar os executivos para uma atuação com liderança, mas o método de gestão adotado, tem incoerências que anulam as atitudes de liderança ou de participação.

Há executivos que praticam a liderança, gerenciam os recursos humanos com coerência, ouvem as pessoas, preocupam-se com os sentimentos delas e permitem a participação de seus liderados nas decisões. Mas não há estabilidade, porque falta coerência entre a pregação e a prática. O líder contradiz sua pregação de uma gestão participativa, porque na prática, quando executa as políticas gerenciais da empresa, avaliando e premiando as pessoas individualmente, estimula o individualismo, derruba o espírito de trabalho em equipe e a colaboração mútua nos momentos difíceis.

O método de gestão e suas mutações

O método de gestão existe desde que se iniciaram as comunidades. A partir da "Revolução Industrial" as atividades artesanais e mercantis, que antes tinha uma relação amistosa entre empresários e empregados, cresceram substancialmente, transformando-se em empresas, como também cresceu a quantidade de empregados.

Essa expansão obrigou os empresários a mudar a forma de gerir, inserindo entre ele e seus empregados, um intermediário, a figura do chefe como conhecemos hoje. Então adotou a estrutura organizacional do modelo militar, por ser o mais eficiente, com o seu organograma hierárquico (na forma de pirâmide) que perdura até hoje.

O processo de convivência entre empresário e empregado, que antes estavam sob controle, com a introdução de gestores (chefes) entre eles, ficou à mercê da sorte e a comunicação passou a fluir através de intermediários, distorcendo-se no meio do caminho, o relacionamento direto e amistoso de antes passou a fluir através de distorções. O poder e as atitudes incoerentes dos chefes passaram a provocar reações nos empregados, que por sua vez passaram a reagir desfavorável ao empresário.

A preocupação com a gestão da empresa tem sido constante. Várias técnicas têm sido implementadas para melhorar a vida das empresas. A cada década há uma reviravolta no processo de gestão das empresas.

Na década de:
 1960 Houve uma preocupação com o ambiente físico de trabalho;
 1970 Com a centralização dos processos;
 1980 Com sistema de metas;
 1990 Com técnicas: reengenharia, organização dos processos (ISO 9000), gestão de estoques (Just in Time), CCQ, Times da Qualidade, Gerências de Problemas.
 1995 Terceirização.
 2000 Segmentação da gestão;

O tempo passa e a forma de gerir os recursos humanos sofreu poucas alterações.

É raro encontrar grupos de trabalho atuando como equipe, na maioria dos casos é somente imaginação, porque não tem um líder e estão atuando de forma individualizada, e cada um se preocupando exclusivamente com suas obrigações.

É comum ouvir a frase: "se cada um cumprir suas obrigações (individual), a soma de tudo será o resultado da equipe". Isso é utopia, por mais eficiente que seja a distribuição de tarefas e obrigações, sempre existirão lacunas que não serão preenchidas além da falta de sinergia.

A saúde da Empresa

As causas da má situação de uma empresa não se baseiam somente nos resultados financeiros de curto prazo.

Uma pessoa física, para ser saudável, não depende somente da renda, há distúrbios no corpo. As causas vêm do interior, uma dor de cabeça é uma consequência dos distúrbios de outros órgãos.

Numa empresa a situação é idêntica. Vários distúrbios nas empresas são oriundos de problemas internos. Advindo do sistema de premiação e avaliação individual, das normas e procedimentos, da falta organização, falta de ferramentas de trabalho e das atitudes dos gestores. Essas ocorrências provocam reações nos empregados, formando uma cadeia de problemas. Esta cadeia está entrelaçada dentro da empresa, contaminando todo o sistema. Atitudes negativas dos colegas ecoa com vigor internamente e até fora da empresa, nas entidades de classe, na mídia, no governo e na sociedade. As atitudes positivas não têm eco significante e passam despercebidas.

A disputa entre as pessoas, ou entre as equipes, não traz resultados para a empresa. É necessário que todos estejam remando para a mesma direção. A história do voo de migração dos gansos canadenses, que voam em grupo em forma de "V", do Norte para o sul, na época de inverno, se encaixa muito bem naquilo que estamos enfocando.

Havendo equipes bem formadas e bem lideradas, não há necessidade de gastos com campanhas de produtividade. Basta que cada equipe saiba o objetivo que se quer alcançar e fazer seu comprometimento.

Portanto, os empregados podem contribuir muito para a saúde da empresa e não só os recursos financeiros, tecnológicos e materiais.

As ações e reações dos empregados podem gerar efeito positivo ou negativo

Os sentimentos das pessoas sobre o trabalho, regulam o envolvimento dos empregados na gestão da empresa. Esse envolvimento provoca ações e reações.

Quando os sentimentos são positivos os efeitos serão positivos.

Veja as entidades filantrópicas, há pessoas que trabalham com fervor e gratuitamente. É o sentimento de humanidade, de solidariedade com as outras pessoas. Os "sentimentos" das pessoas, sendo bem explorados, gerarão resultados positivos em qualquer entidade.

O sistema conspira contra todos, as causas da conspiração estão centradas no método de gestão, que descontrola as atitudes dos dirigentes e dos subordinados. O poder dado aos dirigentes permite "domínio sobre as pessoas" e os subordinados são estimulados ao individualismo e à competição, instigando uns contra os outros, conduzindo todos a praticar o canibalismo interno. As pessoas têm consciência de que é necessário trabalhar, mas, o trabalho que deveria ser agradável se transforma numa vida mais difícil.

Cuidado com programas de sugestões ou novas ideias, funcionário do mês e outros.

Criar um ambiente propício a mudanças é mais importante que qualquer destes programas.

O método de gestão participativa oferece um ambiente, que permite o desenvolvimento de melhorias, seja no próprio departamento de atuação do idealizador, ou fora dele. Através de equipes sinérgicas, um funcionário tendo ideias de melhoria agirá com liberdade de atuação, poderá deslocar-se de um departamento para outro, tendo mais aceitação por parte dos executores.

No método de gestão competitiva é raro aquele chefe que ouve as sugestões do empregado e o incentiva a seguir adiante, criando um ambiente favorável para desenvolvimento de uma ideia. Não tem disponibilidade para ouvir seus subordinados e quando ouve, há obrigações a cumprir e as prioridades são as metas.

Sugestões ou novas ideias pagando alguém para sugerir mudanças em produtos, em serviços ou em processos, dificilmente obterá sucesso ou mudará alguma coisa na empresa. Se fizer uma análise nestes programas, verão que são raros os casos que geram resultados extraordinários, na maioria deles os resultados são medíocres ou deficitários à medida que geram mais gastos, problemas e trabalhos ou seja:

Todo o aparato para análise, controle, acompanhamento e premiação das sugestões tem alto custo.

Criam problemas de relacionamento interno e provocam desestímulos nos empregados, porque as ideias ou sugestões chegam normalmente na forma de pensamento sem qualquer estruturação.

Mal informam "o que" fazer, faltando "como" deve ser feito e pior ainda quando falta "porque" fazer.

Todo o trabalho recai sobre aqueles, com suas metas, estão sobrecarregados de trabalhos e problemas.

A ideia nem sempre é original porque o departamento já tinha planos para implementá-la, mas foi atropelado pela sugestão.

Trabalhos em andamento, prioritário em relação à sugestão são postergados, mas se a equipe postergasse os trabalhos para implementar sua própria ideia seria punida.

Sem contar que muitas sugestões são premiadas e não são executadas.

Há casos em que a sugestão é entregue a um estranho ao departamento, para depois dividirem o prêmio.

Empregados que desenvolvem grandes projetos encontram dificuldades para implementá-lo, não são premiados ou reconhecidos.

Outros casos em que a sugestão premiada é executada, e em pouco tempo aparece outra sugestão para voltar à situação anterior, sendo também premiada. São prejuízos porque se gasta para fazer e, novamente para desfazer.

Funcionários do mês não motiva, empregados normalmente se sente mal quando são obrigados a participar de almoço com algum executivo ou presidente da empresa, ou então são discriminados pelos colegas porque foram expostos em revistas, displays, jornal interno ou Internet.

O processo de premiação causa um mercenarismo enorme ou suscita constrangimento aos empregados.

O "Corpo Diretivo" regula a participação positiva ou negativa dos empregados

A ligação entre os proprietários e empregados flui através do "corpo diretivo" composto pelos gestores da empresa. Os executivos acham natural a existência de um departamento ou atividade da empresa que se ache autossuficiente ou mais importante que outras, ocorrendo o inverso também. Isso desestrutura a empresa e provoca desequilíbrio, porque nenhum departamento sobrevive sozinho. Embora os executivos não percebam, as reações contra a empresa são provocadas pela insatisfação dos empregados.

Como dissemos na introdução, que William Edwards **Deming** chamava à atenção dos proprietários para o foco dos problemas de gestão, indicando a solução na "Gestão Participativa".

A miopia sobre o método de gestão participativa

Quando se fala em gestão participativa muitos pensam indevidamente na distribuição dos lucros. Essa visão é míope. Fazer as pessoas trabalharem através de pagamentos extras não é participação, é mercenarismo que, por natureza, é extorsivo. Quando se paga alguém para fazer algo adicional, o beneficiado exigirá cada vez mais, para fazer aquilo que outros fariam naturalmente pelo que já ganham.

As pessoas devem trabalhar e receber um salário pelo seu trabalho, que seja justo para atender suas necessidades de sobrevivência sem miséria. A distribuição de parte dos lucros, deve fazer parte de um projeto de melhoria de vida dos empregados, e na preparação para a aposentadoria, visando cativar a lealdade deles para com a empresa.

Atuação nas causas de problemas

Todo problema tem no mínimo dois componentes: a causa e a consequência. Normalmente preocupa-se mais com a consequência e menos com a causa, e aí está o erro. É importante combater as consequências, mas será inútil se as causas não forem eliminadas.

Os problemas com recursos humanos não são diferentes dos

outros problemas da empresa. Os processos são idealizados e geridos por pessoas. Ora, se os problemas das pessoas não são resolvidos, há incoerência em querer que os problemas dos processos sejam resolvidos.

É importante concentrar nas causas dos problemas que afetam o trabalho das pessoas, depois atuar nas soluções citado em outros capítulos.

Ser humano difere do animal falando e pensando, e ainda ativa os sentimentos.

Quando as pessoas deixam de falar e pensar, têm seus sentimentos afetados, passando a agir e reagir por instinto como os animais. O que impulsiona o ser humano são os sentimentos de afetividade, de criatividade, de humanidade e justiça, de respeito, de responsabilidade, de solidariedade e de utilidade. São necessidades invisíveis.

Quando o trabalho é executado sem ativação desses sentimentos, começam as reações de insatisfação que levam ao contra-ataque, com reclamações, manipulação de informações, burocracia e outros entraves.

Aí está a contradição: alimentam-se fortemente as necessidades visíveis (salários, prêmios, promoções, festas) e relegam-se as necessidades invisíveis. Os empregados tornam-se verdadeiros mercenários, "se a empresa falir tudo bem, não é problema meu!".

As necessidades visíveis têm alto custo e são insaciáveis e, portanto, será necessário sempre mais e mais investimento.

As necessidades invisíveis têm baixo custo. Basta serem regadas com gestos e diálogo que elas se tornam o elo da mudança do ser humano.

Os elogios e as críticas afetam as pessoas

Elogios e críticas são duas práticas que afetam sensivelmente as pessoas e, se mal aplicados, ambos provocam resultados desastrosos. Além das consequências para as pessoas, a equipe também é afetada. Numa equipe o **elogio** individual provoca desagregação. A **crítica** causa desestímulo aos demais participantes da equipe.

Elogios são importantes para aumentar a autoestima das

pessoas, deve haver cuidados para não surtir efeito contrário. Há pessoas que não sabem controlar suas emoções e se perdem à medida que se acham insubstituíveis, ou se tornam arrogantes ou prepotentes.

Críticas também quando bem-feitas poderão levar as pessoas a melhorar, mas da mesma forma, podem ter efeito contrário. As pessoas quando são criticadas, há uma tendência natural de defesa, porque uma crítica passa a ser considerada uma punição moral, então, seus sentimentos negativos são ativados, reduzindo a autoestima. A situação ficará pior se a crítica não for aceita, porque a pessoa lançará mão de defesas pessoais para negar a crítica, a si próprio e, ao acusador, utilizando argumentos fortes, tais como: excesso de trabalho, baixa remuneração, falta de apoio para resolver os problemas, ambiente inadequado e uma infinidade de motivos.

Uma forma muito saudável de abordar estes dois temas, é a autopercepção, ou seja, o elogio ou a crítica não será explícito, mas, pela maneira como o assunto foi conduzido, ela perceberá que foi elogiada ou criticada. Pode-se perceber como ser sutil nos elogios e críticas quando falamos a respeito de **cobranças e erros** neste capítulo no item "Cuidados especiais com o apontamento de um erro ou ao cobrar algo".

Pessoas quando participam de uma equipe tem reações diferentes, elogiando uma equipe as pessoas que a formam sabem que o elogio está sendo dirigido, com maior intensidade, a esta ou aquela pessoa. A crítica à equipe deve ser sempre conduzida de modo sutil apontando os fatos negativos ou as atitudes inadequadas. É importante reconhecer as conquistas dos liderados, elogiar a equipe na medida certa, agradecer mesmo que seja uma obrigação, pois esta atitude demonstra respeito pelas pessoas.

Cuidados especiais com o apontamento de um erro ou ao cobrar algo

Pessoas sendo pressionadas agem com sentimento de perseguição, transmitirá seu negativismo às outras. As atitudes negativas aparecem na forma de desforra, tais como boicotes, erros propositais, fofocas, barreiras e outros entraves. É uma maneira de compensar suas mágoas.

As pressões mais comuns são cobranças e apontamentos de erros.

Cobrança: desde os registros mais antigos da história a cobrança é rejeitada. Ninguém gosta de ser cobrado. Entretanto a cobrança é necessária. É assim que as pessoas sabem que devem algo. Mas quando se cobra alguém, sempre haverá uma justificativa para o não pagamento.

Se o líder envolver seus liderados no objetivo, deixando que falem e pensem, e sintam a responsabilidade pelos resultados, acompanhando o desenvolvimento, não esperando findar o prazo para ver os resultados, não será necessário cobrar. Fazendo acompanhamento periódico, haverá tempo para redirecionar o objetivo, evitando possíveis desastres.

Não se pede a uma pessoa ou equipe que faça duas coisas ao mesmo tempo, sem definir prioridades, porque depois não haverá argumentos para cobrá-la. Ao pedir algo para alguém, procurar dar o direito a ela de falar ou até mesmo estimulá-la a dizer como pretende atender o pedido.

Quando há uma negociação com uma pessoa ou equipe, sobre montantes, prazos, e há *feedback* constante, dificilmente haverá cobrança.

Erro: o apontamento de erro não é aceito. As pessoas nunca admitem que estão erradas. Sempre há justificativa "eu ganho pouco pelo que faço" ou "tenho trabalho demais e ninguém vê isso".

As pessoas erram por vários motivos, mas é certo que não erram porque querem, exceto nos casos de má fé ou em que alguém maltratou aquela pessoa e ela quer **"desforrar"**. Então é necessário admitir, em primeiro lugar, que errar é humano e que o erro tem causas. Se o erro não é intencional, então, as pessoas não deveriam ser punidas, porque há um motivo para o erro. Portanto identificar as causas e providenciar as soluções, sempre através da conscientização e nunca da pressão.

A conscientização, quando exercida com sabedoria, ativa os sentimentos das pessoas. Começa, então, a ocorrer ações corretivas benéficas, não só à pessoa, como também à empresa.

As pessoas devem estar conscientes de seus deveres e suas obrigações. Esta consciência deve ser clareada dia a dia pelo líder, através do diálogo.

O **erro** ou a **cobrança** somente serão aceitos através da autopercepção, que deve ser conduzida pelo líder com a habilidade. Quando o funcionário conclui que errou ou está devendo algo, ativa uma autopunição, em consequência procura atuar na correção e em suas causas. No capítulo "Atuação dos líderes" há um item sobre a autopercepção.

A empresa não pode ficar dependente do empresário

É normal pensar que o empresário deve decidir e determinar tudo para o bom desempenho da empresa. Não se pode esperar tudo de uma só pessoa, mesmo numa pequena empresa. Por mais capacitado que ela seja, é impossível que ela decida tudo.

À medida que a empresa cresce, passa a ser dirigida pelo "corpo diretivo" e não pelo empresário. Não havendo um bom entrosamento entre o "corpo diretivo" e os empregados não se pode esperar resultado favorável para a empresa.

O empresário moderno vê a empresa sobreviver sozinha, não ficando à mercê de algumas pessoas. Para tanto, ele necessita introduzir um método de gestão onde todos os empregados atuem de forma sinérgica, ou seja, participativa, integrada e coesa, buscando resultados para todos.

A gestão participativa fornece os requisitos para que isto ocorra, através atuação na forma de liderança, com sinergia envolvendo todos empregados e distribuição de parte do poder para as equipes.

No método de gestão competitiva, visando ter melhor controle sobre o "corpo diretivo", há redistribuição de poder, aumentando a pirâmide do organograma e excesso de chefia. As consequências serão mais burocracias internas que bloqueiam a empresa. A opção inversa, ou seja, concentração de poder, é perigosa, porque põe em risco a saúde da empresa à medida que não se sabe quais são as consequências das decisões inadequadas.

A punição nem sempre conduz para um resultado positivo

Quando há falhas nos processos, punem-se as pessoas. Aparentemente estaria correto, porque as pessoas são responsáveis pela execução dos processos. Só que se pune as pessoas erradas, porque os responsáveis pelas definições não admitirão que os processos estão errados.

Deve haver punição sim, mas com coerência e justiça. Primeiro, deve-se descobrir as causas do problema, para depois punir os verdadeiros responsáveis. Muitos problemas são causados por indefinição ou omissão dos escalões superiores, que se negaram a ouvir os alertas de seus subordinados. Aí está o sistema de gestão conspirando contra a empresa.

Quando ocorre uma punição, a notícia ecoa por toda a empresa, atingindo os sentimentos das pessoas. O resultado é sempre punição contra a própria empresa porque, nesse ínterim, a produtividade se reduz, os estímulos são anulados, o zelo pela qualidade reduz-se a níveis baixíssimos.

Comunicação vertical é mensagem e horizontal é diálogo

Na gestão competitiva a comunicação flui, na maioria das vezes, totalmente verticalizada, ou seja, de cima para baixo e assim, equipara-se a uma mensagem. Uma mensagem é um caminho sem volta, depois de disparada não se sabe qual o seu efeito.

A situação fica ainda pior quando não há ouvidoria no retorno, não se escutando os alertas daqueles que executam o trabalho e as críticas de quem os recebe.

Mesmo quando há indícios de horizontalização na comunicação, a forma como ela está sendo praticada nem sempre atinge os objetivos de uma gestão produtiva e com qualidade. Para obter-se uma gestão produtiva e com qualidade não basta ouvir as pessoas ou ter o seu comprometimento. Só isto não ajuda a "levantar o moral" dos empregados. É necessária a participação nas discussões, avaliar os resultados *in loco*. Não basta dizer "tudo que vocês fizerem, eu aprovo", as pessoas querem mais que isto. Querem mostrar o que fazem, querem ser avaliadas pelo que fazem e serem ouvidas naquilo que deixam de fazer.

Uma comunicação torna-se horizontal quando usada na forma de diálogo, que tem um caminho de ida e volta, dessa forma poderá saber o resultado da comunicação.

A comunicação fica totalmente surda e muda quando a empresa permite que pessoas assumam cargos superiores somente pelo prazer de "mandar" em outras pessoas.

Avaliação individual não contribui para os resultados

O enfoque da avaliação está centrado naqueles que executam o trabalho e as empresas visualizam todos como subordinados, ou seja, sempre de cima para baixo.

Quando se tem trabalho em equipe não é necessário avaliar os subordinados, mais importante será avaliar os resultados da equipe. Se o resultado for bom ou mau a equipe deverá explicar como conseguiu os resultados ou propor alterações naquilo que está errado.

Os chefes devem ser avaliados pela atuação de liderança em três ângulos de envolvimento, de cima para baixo pelos resultados obtidos, de baixo para cima pela sua liderança e grau de contribuição pelo sucesso da equipe, e horizontalmente ouvindo os colegas de trabalho pela sinergia com outras equipes.

Se a empresa busca resultado, então o é resultado que deve ser avaliado e não as pessoas. As pessoas devem ser ouvidas sobre o resultado, atuando nas causas quando o resultado não for satisfatório.

Os empregados trabalham para o chefe e não para a empresa

Acredita-se que todos trabalham para a empresa, no entanto, todas as atitudes dos dirigentes levam as pessoas a trabalharem para o chefe. A vida profissional de cada subordinado depende exclusivamente do chefe aumentos, promoções, demissões. Por outro lado, os subordinados pensam que qualquer atitude dos chefes é responsabilidade da empresa.
Portanto, este é um motivo para avaliar os chefes na sua função de liderança.

Exige-se colaboração, mas estimula-se o individualismo.

Há uma expectativa de que todos colaborem uns com os outros, com espírito de equipe, entretanto as atitudes dos dirigentes instigam uns contra os outros, na medida em que premiam e valorizam o individualismo, acirrando a disputa interna através das competições e desprezam o concorrente externo. Os sistemas de avaliações, premiações e objetivos individuais alimentam o canibalismo interno e desagrega as equipes.

Premia-se para desmotivar

Espera-se que, premiando uma pessoa, as outras irão reagir positivamente, lutando fervorosamente no futuro para superar o ganhador. O que ocorre, na verdade, é o inverso, porque muitas vezes até o ganhador perde o estímulo porque ele humilhou seus colegas e alguns até colaboraram com ele, sem contar com as atitudes ilícitas para receber a premiação. No cômputo geral, em pouco tempo haverá desestímulo do ganhador. Há entusiastas que se arrebentam para ganhar um novo prêmio, mas na primeira vez em que são preteridos por outros, partem para o time dos injustiçados e aí viram fervorosos críticos da empresa.

Não haverá sinergia[8] se não houver estimulo à participação, integração e coesão. Por exemplo, é preferível ter um bom time com 11 jogadores integrados e coesos do que ter 11 bons jogadores individualistas.

Deseja-se um líder, mas estimulam-se as atitudes de chefe.

Há um esforço para que todos os chefes atuem como líderes, entretanto, premiam-se os chefes sem avaliar suas atuações como líderes. Não são atitudes de liderança o uso da pressão verbal através de ameaças, a prática de determinar e fazer cumprir, porque só produzem resultados voláteis. Trabalho em equipe não sobrevive sem liderança.

Quando há problemas, o chefe nunca será responsabilizado, porque sem avaliar a verdadeira responsabilidade sempre haverá um subordinado para ser punido.

---

[8] Ver capítulo Equipes Sinérgicas.

Desprezam-se as condições invisíveis que impulsionam as pessoas

Os controles indicam que os problemas da produtividade e da qualidade estão centrados naqueles que executam. Entretanto são os dirigentes que não fornecem as condições necessárias para as pessoas trabalharem. As condições visíveis como boas ferramentas, a organização dos processos e um bom ambiente físico, por si só, não têm nenhum valor se as condições invisíveis não estiverem presentes, que são os sentimentos de afetividade, de criatividade, de humanidade, de justiça, de respeito, de responsabilidade, de solidariedade e de utilidade.

As pessoas desconhecem a origem daquilo que está provocando suas mágoas, não têm consciência do que está acontecendo. Então, começam a buscar respaldo nos sentimentos exteriores, que são palpáveis, ou seja, aumento de salário, benefícios extras, gratificações, bonificação pelo que fazem além da rotina determinada.

A responsabilidade não se dá, se tem, porque é um sentimento que vem do íntimo.

Outra teoria falsa é a da responsabilidade. Acredita-se que determinando algo para alguém fazer, acompanhar ou controlar, ela ficará responsável por aquilo.

Ninguém é responsável por algo que não sente ser seu[9]. Responsabilidade vem do íntimo das pessoas, quando elas participam da discussão sobre o próprio trabalho, passam a "sentir" responsáveis.

Na gestão competitiva os trabalhos são executados através de determinação proveniente dos dirigentes, seja através de normas e procedimentos, ou por conhecimentos anteriores da própria chefia. Este processo impõe responsabilidade aos subordinados, mas dificilmente será assumida, porque aquele que recebe a imposição, não a considera propriedade sua.

Assim, é normal um subordinado devolver a responsabilidade. Isso ocorre quando ele tem alguma dúvida ou questionamento

---

[9] Muitas empresas já praticam o conceito Ownership, ou seja, o senso de propriedade.

e procura seu superior, nesse momento ao dizer-lhe o que fazer, o superior estará reassumindo a responsabilidade, deixando o subordinado numa situação cômoda. No modo de pensar de cada subordinado uma "sugestão" de chefe é uma ordem e, um "pensamento" é um projeto, não sendo responsável por nenhum dos dois casos, porque não teve participação em qualquer deles.

Morosidade nas decisões gera custos elevados

O excesso de controle, a centralização de poder, e o excesso de chefias aumentam sensivelmente a burocracia, eleva os custos e reduz os resultados das empresas.

Andando pelo interior das empresas, o que se vê nas antessalas de executivos são pessoas ociosas, esperando o "chefe" atendê-las, a maioria ocupa cargo de chefia, portanto, os custos da espera não são desprezíveis.

Uma decisão depende de outra, formando uma cadeia de espera nos escalões inferiores, portanto quanto mais centralizado for o poder de decisão e a mais alta a pirâmide do organograma, maior o será o problema.

Ninguém calcula os custos dessa morosidade, são salários, perdas de prazos e de clientes, custos indiretos de outras esperas que dependem daquela decisão. Há casos em que o custo de cinco minutos dos envolvidos é maior que o custo do assunto a ser tratado.

Pior ainda é, quando alguém, percebendo os prejuízos que ocorrerão, não aguenta o "chá de cadeira" e resolve decidir sozinho. O bem-intencionado é punido por indisciplina.

A obsessão pela qualidade e produtividade

A preocupação com a qualidade, deve ser dos empregados envolvidos com o produto ou serviço e não dos departamentos fiscalizadores ou controladores. Os controladores e os fiscais devem ser substituídos por equipes de apoio e consultores, para atuarem em sinergia com os executores, somente desta forma irão contribuir para a melhoria continua. Os controles são importantes, como fonte de informações para uma boa gestão, como ferramental para análise de causas, mas não para a punição aos que cometeram os erros.

A meta do zero erro é neurótica e desgastante, com investimentos que nem sempre têm retorno. Há uma preocupação enorme com as normas e procedimentos sobre qualidade, mas não há preocupação com os empregados. Sendo eles que fabricam, gerenciam, vendem e entregam os produtos, trabalharão melhor conhecendo todos os conceitos de qualidade. Devem se sentir consumidores e participantes para fazer a autocrítica do próprio trabalho.

Investe-se na gestão da qualidade com pesquisas e controles, mas falta investimento nas pessoas que faz a gestão e executam os processos e sistemas. As pessoas sabem executar as rotinas, mas não sabem o grau de contribuição, porque desconhecem o processo e sistema em que atuam. Formam lacunas que são as causas da má qualidade e produtividade.

O exagero deve ser descartado em qualquer situação, porque só atrapalha, seja na religião, no modo de vestir, na maneira de se expressar e a qualidade não escapa dessa situação, qualquer exagero para conseguir a qualidade poderá atrapalhar. Grande parte das ideias para fazer bons produtos ou serviços é obtida através de um ambiente propício, descontraído, sem pressão, através de diálogo, até em um "bate-papo" na hora do cafezinho ou no hall de elevadores.

Falta análise das habilidades das pessoas

As habilidades das pessoas quando compartilhadas, aumentam os resultados e favorecem a atuação dos empregados, mas, dificilmente essa prática é exercida, porque a visão dos dirigentes está sempre obscurecida pelas políticas gerenciais da empresa que conduz ao individualismo e à competição interna.

Perda do controle - pessoas habilidosas, são sobrecarregadas com tarefas além de sua capacidade para executá-las. Depois são punidas, porque não foram capazes de executar suas tarefas no tempo necessário. Essas pessoas têm o conhecimento dos problemas, mas, por estarem sobrecarregadas, perdem o direito de falar e pensar, advindo então, uma série de conspirações contra a própria pessoa, normalmente na forma de atrasos, desorganização, omissão.

Dirigentes prejudiciais à empresa - há pessoas com habilidades intelectuais que utilizam seus atributos para conseguir prestígio e galgar posições dentro da empresa. O uso de relações públicas, a manipulação de dados, o "enfeite" de relatórios e a aproximação dos escalões superiores são as armas mais utilizadas. Após ocupar um cargo superior, começam os problemas de gestão, pois ocupando o cargo de chefia e atuando sem liderança, começam as rejeições dos subordinados por indignação, por antipatia, por desconfiança, surgindo então, a improdutividade.

Mas, no método de gestão competitiva não há percepção dessas anomalias, porque embora tenha todo aparato para analisar e avaliar a capacidade das pessoas, estes recursos não conseguem detectar atitudes nocivas à empresa e nem as habilidades especiais, como por exemplo, o método de liderança, o grau de conhecimento sobre os produtos ou serviços.

Apoderar-se de ideias alheias tem sido comum nas empresas. Normalmente as pessoas têm ideias, mas não sabem expressá-las oralmente ou mesmo por escrito. Começam aí os problemas, pois aqueles com dons especiais sugam todas as informações e as ordenam, apresentando-se como os donos da ideia para receber benefícios. Mas a implantação será um fracasso, porque faltará o conhecimento necessário. É normal haver lacunas em um projeto, que seriam preenchidas com a *expertise* de quem conhece o assunto, mas o verdadeiro dono da ideia, indignado com o roubo, não irá contribuir. Quando isso ocorre, dificilmente o executivo toma conhecimento, por falta de comunicação horizontal. Em função destas ocorrências há um desestímulo enorme no desenvolvimento de melhorias. São poucos os casos de empresas que combatem este tipo de problema.

No trabalho participativo há maior equilíbrio, porque todos estarão voltados para o mesmo objetivo, as habilidades e anomalias estarão visíveis e quem não contribuir estará fora da equipe.

O medo é o maior inimigo das empresas

Medo e confiança são opostos. A diferença é que o medo se propaga rapidamente e provoca estragos nas pessoas, nas

chefias e na empresa. Mas a confiança demora muito, porque cresce lentamente, sempre com precauções.
O medo origina nas seguintes situações:

Nas normas e procedimentos inadequados - *As normas e procedimentos devem servir de guia para os trabalhadores, indicando somente o que é correto ou o que deve ser feito. Citar consequências tais como, punições e proibições só provocam medo e não contribuem para o objetivo da mensagem.*
Seria impossível para uma empresa editar um manual completo escrevendo aquilo que é correto e o que é errado ou então aquilo que deve e o que não deve ser feito, ou seja, um manual considerado "à prova de burro".
Para não criar lacunas, os manuais normalmente indicam somente uma das duas situações, ou seja, se indicar o que é correto ou aquilo que deve ser feito, entende-se que tudo o mais é errado ou não deve ser feito.
Quando for necessário citar algo que não é correto ou que não deva ser feito, deve-se redigir de forma sutil para que fique suave. Há várias formas de dizer a mesma coisa. Por exemplo: "não é permitido" ao invés de "é proibido".
Os empregados com medo das normas e procedimentos inadequados atuam de forma improdutiva, protelam as ações e até evitam a execução de certas atividades. Procuram sempre atuar de forma segura, passando a criar barreiras nos sistemas e processos, através de burocracias e controles desnecessários.

Advindo das atitudes dos dirigentes - *Se as atitudes forem inadequadas, geram desconfiança, então advém o medo em seus subordinados, provocando doenças, improdutividade, omissão e várias atitudes inadequadas. Então atuam de forma a criar defesas pessoais para não se exporem, escondem erros, deixam de fazer melhoria em sua rotina de trabalho, mentem e praticam várias outras atitudes que prejudicam a empresa.*
O dirigente não será alertado quando há ocorrência de problemas graves ou necessitando atuação rápida. Nestes casos a cobrança vem escalão superior.

Oriundo das ameaças não declaradas - *Quando ocorre algo na empresa, cria-se expectativa em todos. Dependendo da*

ocorrência, e quando há histórico negativo, seja no passado ou em outras empresas, as consequências passam a ser ameaças não declaradas, porque há histórico de demissões, principalmente quando essas demissões são parceladas, não se sabendo quando isso vai parar.
As ameaças mais comuns são:
As incorporações, as fusões e as alianças entre empresas;
As mudanças do local de trabalho para outras regiões;
A troca da força de trabalho porque cria insegurança em quem permanece;
As demissões, por qualquer motivo, cuja decisão partiu do escalão superior;
As punições para servir de exemplo.

O medo aumenta quando não há comunicação interna ou quando a comunicação cria dúvidas sobre o futuro. Ao longo do tempo, quando há uma demissão ou punição, por motivo justo, todos ligam aquela demissão aos acontecimentos do passado e não ao que realmente a motivou.

Quando ocorrem alterações estruturais - Quando a empresa resolve fazer alterações estruturais, tais como mudança no organograma, fusão de departamentos, seja em toda a empresa ou em departamentos isolados, o primeiro impacto normalmente é a queda de produtividade, originada pelas expectativas de demissões ou de transferências indesejadas.

Provocado por mentiras aos clientes ou burla aos fornecedores, auditores e fiscais - Os dirigentes não percebem os estragos que estão fazendo nas empresas quando orientam seus empregados para mentir ou burlar. Para um empregado é muito desagradável mentir ou burlar, sabendo a verdade dos fatos.
Quando os empregados são orientados a proceder de forma desonesta, perdem a confiança na empresa, e muitos até despertam o instinto de desonestidade começando a praticar delitos na forma de fraudes e roubos.

Nos confrontos - Muitas pessoas têm medo de confrontos, por falta de ambiente que propicie confiança entre as mesmas.
Quando temos que enfrentar uma situação desconhecida, normalmente procuramos uma alternativa mais fácil, que nem sempre é a melhor.
É comum ouvir pessoas dizendo que não irá conversar com seu

dirigente porque ele poderá não gostar do assunto. O dirigente por sua vez, gostaria de saber daquele assunto, mas tem receio de falar com seu subordinado. Quando alguém interfere e o assunto vem à tona, ambos ficam desconcertados.
Onde há um clima de liderança não há confrontos, porque não há poder excessivo e a forma de comunicação se faz através de diálogo.

Poderá provocar morosidade ou precipitação - *Se a comunicação for inadequada causa apreensão, e a atitude dos subordinados será sempre de precaução por não saberem em que terreno se está pisando, o que, por si só, cria morosidade.*

Quando há morosidade causa prejuízos à empresa, porque haverá perda de oportunidades, redução de produtividade e outras consequências. Com medo passam a protelar suas ações, na expectativa de encontrar uma alternativa mais segura. A protelação causa o atraso, criando mais apreensão, o raciocínio se torna mais lento quando estão preocupados.

Também o medo pode provocar precipitação deixando, a empresa em situação de risco, por atitudes e decisões erradas. Querendo livrar-se rapidamente dos problemas, as pessoas fazem promessas, sem pensar nas consequências.

Quando os chefes estão com medo há maior impacto, porque acabam transmitindo sua insegurança aos subordinados e as consequências refletem na cadeia produtiva.

A confiança é o melhor remédio para combater o medo. Para se criar confiança, o relacionamento interno necessita de muita transparência e ações que confirmem o que foi prometido. Se houver descumprimento das promessas, haverá perda de confiança e tudo estará perdido.

Falta de habilidade no gerenciamento das despesas

Numa visão simples a empresa está composta de 3 grandes grupos de componentes que estão interligados e em movimento, portanto, qualquer alteração deve ser executada com visão dos reflexos nos demais componentes:
Receitas (produtos ou serviços);
Investimentos (geradores de receitas ou redutores de despesas);
Despesas com pessoal, impostos, fornecedores, consumo

(para produtos ou serviços) infraestrutura (para instalações e equipamentos).

Os executivos nem sempre visualizam essa cadeia e acabam mexendo numa componente sem o devido cuidado. E, na maioria das vezes, não conseguem ligar um problema ao outro por falta dessa visão ampliada.

Os reflexos são movimentos que alteram o resultado em outro lugar na empresa. Alguns refletem na produtividade, outros na redução de outras despesas, outros aumentam as receitas. Tendo essa visão, o gerenciamento fica mais fácil.

Os empregados estando envolvidos e conhecendo o gerenciamento, podem ajudar muito na redução de despesas e aumento dos resultados através dos reflexos.

Portanto, controlar despesas é necessário, mas usar o controle como trava tem suas consequências, porque bloqueia a participação dos empregados na gestão das mesmas.

Há casos em que há necessidade de aumento de despesas temporariamente, para depois reduzi-las a um nível inferior posteriormente.

Em outra situação, um aumento de despesa poderá melhorar o desempenho da equipe, aumentar a qualidade e produtividade, com ganhos indiretos.

Há outras situações em que primeiro aumenta a despesa e, depois, em pouco tempo, as receitas aumentam em montantes superiores ao aumento da despesa.

Quando há corte de despesas, sem envolver a força de trabalho, podem ocorrer problemas imprevisíveis, porque os empregados transmitem uma imagem negativa ao mercado por desconhecer o que está ocorrendo.

Deixar de aumentar os gastos na solução de um problema, também necessita envolver a força de trabalho para a busca de alternativas, porque a consequência poderá gerar prejuízos superiores ao montante que seria gasto.

Às vezes é necessário gastar agora para obter lucro algum tempo depois. Quando não for possível atender os anseios da força de trabalho, deverá envolvê-la na busca de alternativas ou solução, porque o empregado saberá esperar o momento certo agir em cada situação, o que não aceita é a falta de respeito.

Normalmente, logo após a instalação do caos, as providências tomadas são tardias, pois os executivos, desnorteados, começam a procurar culpados e a aplicar punições.

Quando houver boatos ou uma simples desconfiança de que algo não está bem, o ideal seria atuar rapidamente nos efeitos e, em seguida, na causa. O melhor seria ter a lealdade dos empregados. Às vezes uma simples frase "não gosto desta empresa" poderá estar escondendo um rombo nos resultados.

As empresas devem envolver os empregados na busca de aumento da receita e na redução das despesas.

Má utilização do "Serviço de Atendimento ao Cliente – SAC"

Num mercado competitivo em que vivemos, o esforço para a conquista de novos clientes é muito importante, mas, será de pouca valia se não houver esforços para manutenção dos clientes conquistados. O que se tem percebido é uma concorrência voraz entre as empresas, em preços e marketing, para a conquista de novos clientes, entretanto, não há o mesmo esforço para manter ou reduzir a evasão de clientes.

Raramente as empresas procuram os clientes insatisfeitos, tentando resolver o problema e fazer um bom relacionamento de manutenção. Fazer controle e gerenciamento da rotatividade de clientes é mais raro ainda.

Quando correm atrás dos ex-clientes para saber o que ocorreu, acabam propondo benefício superior ao do concorrente, mas não atuam na causa do problema e a perda do cliente persiste.

O "Serviço de Atendimento ao Cliente – SAC", é uma atividade importantíssima atualmente. Deveriam executar múltiplas atividades. Fazer o atendimento aos clientes, ou seja, prestar informações, resolver o problema do cliente (o efeito). Em conjunto com outros departamentos atuar na causa do problema. Encaminhar os casos mais graves aos níveis superiores. Fazer controle de evasão de clientes, catalogando as causas da evasão.

Nos assuntos mais complexos dar *feedback* aos clientes, explorar o assunto para buscar informações sobre a causa do problema, usar os controles para a melhoria de qualidade e produtividade e evasão de clientes.

Os demais departamentos da empresa devem ajudar o "Serviço de Atendimento ao Cliente – SAC" na solução dos problemas.

O "Serviço de Atendimento ao Cliente – SAC", além de ser fonte de relacionamento com clientes, tem a melhor base de informações da empresa, registrando tudo sobre: produtos, serviços, atenção e cortesia dos empregados da linha de frente. Nesses registros há informações importantes para a melhoria da qualidade e produtividade. Sabendo aproveitar as informações, a empresa acaba obtendo resultado na atividade do "SAC", porque qualquer atividade em uma empresa deve produzir resultados de uma forma ou de outra.

Quando a empresa tem uma visão de negócios, percebe que futuros problemas da mesma natureza podem ser evitados, reduzindo a perda de clientes.

Empregados denigrem a imagem da empresa por deficiência nas relações de trabalho

É triste ouvir um empregado falar mal da empresa onde trabalha. Se soubesse que está falando mal de si mesmo, teria mais cuidado, mas não é assim que a maioria das pessoas pensam. Gritar, reclamar, falar é a forma de expressar uma dor, provocada por sentimentos negativos.

Quem ouve os comentários cria uma imagem ruim da empresa e se for cliente dela, certamente ficará com receio. O empregado nem imagina o estrago que está fazendo a si e a seus colegas de trabalho, porque se a empresa tiver problemas, o primeiro reflexo será nos empregados. Os executivos não atuam na redução do ruído, porque normalmente os clamores dos empregados são abafados nos escalões intermediários, restando aos empregados clamar onde encontram ambiente propício, ou seja, fora da empresa.

O cliente não tem obrigação de fazer aquilo que é da alçada da empresa, mas é comum ouvir um empregado dizer "este assunto não é de nossa alçada, o senhor terá que ligar para!". Ligando para o outro local indicado, outro empregado diz "este assunto não é de minha alçada", e redireciona-o a outro local. O cliente fica desnorteado e a impressão sobre a empresa é de desorganização.

Fornecedores de serviços podem causar problemas para a imagem da empresa

As empresas recorrem, cada vez mais, a terceirização para prestar serviços em seu nome. Mas se esquecem de que qualquer atitude negativa do "terceiro" reflete imediatamente na empresa. Mesmo nos casos em que os nomes das duas empresas estejam visíveis no processo de comunicação com os clientes, aquela anormalidade é sempre vista como sendo da empresa e não do "terceiro".

A terceirização de serviços tem sido uma das causas de problemas para as empresas, porque além de não haver controle sobre a qualidade do serviço prestado, também os empregados terceirizados não são motivados a agir com lealdade para com a empresa contratante. Normalmente não atendem as reclamações dos clientes, quando questionados sobre o serviço alegam que o contrato não prevê algo mais que aquilo que fizeram, afora quando ao prestar um mau serviço, deixam a entender que o produto não é bom.

Contratos entre as empresas e fornecedores são enormes, com cláusulas de responsabilidades, multas, etc. Porém, não resolve o problema, porque a maioria dos problemas não podem ser resolvidos com cláusulas contratuais, como, por exemplo, a má fama, os boatos negativos e a evasão de clientes.

Essa dificuldade decorre do sistema de gestão, porque os executivos das duas empresas não atuam de forma sinérgica.

10. QUALIDADE E PRODUTIVIDADE

Todos devem estar envolvidos com a qualidade e produtividade

O envolvimento de todos os empregados na gestão da empresa é primordial, porque a qualidade e produtividade estão estreitamente ligadas aos resultados, à sobrevivência e no desenvolvimento.

Os conceitos a seguir devem ser de conhecimento de todos.

A importância das informações

Aumentar a qualidade e a produtividade, requer ter em mente que os recursos iniciais estão centrados nas informações. Não menosprezar nenhum tipo de informação, tanto as de origem interna quanto externa.

Informações externas normalmente são dados sobre a concorrência, sobre o mercado, as legislações ou normas, reclamações ou sugestões dos clientes.

Reclamações são sintomas de um problema, portanto, o assunto não estará encerrado ao dar resposta ao cliente, orientando ou solucionando. Importante será analisar as causas do problema e planejar a solução para a causa. Imperdoável dizer que o problema foi resolvido sem eliminar a sua causa, pior se considerar a reclamação como um problema.

As reclamações serão reduzidas quando os empregados são preparados adequadamente, conhecendo:
Tudo sobre os produtos ou serviços em que atuam;
Os processos ou rotinas de processamento;
A concorrência;
O mercado em que atuam;
As legislações;
Os atributos dos produtos ou serviços;
Os desejos e anseios dos clientes;
Tudo a respeito dos fornecedores.

Elogios de clientes são bons indicativos de que o produto ou serviço vai bem, mas não deve ser encarado como eterno, porque a qualquer momento os concorrentes poderão copiá-lo com melhorias.

As informações internas devem ser catalogadas através de um sistema de controle único, onde cada departamento irá registrar os eventos anormais sobre os produtos ou serviços. Os registros devem envolver principalmente temas importantes para atuar nas causas, principalmente os seguintes temas:

Os retrabalhos executados;

As estatísticas dos departamentos de assistência técnica, ou departamento de atendimento aos clientes internos e externos. Por exemplo, volumes anormais de peças de reposição, pedidos de alterações de serviços, de indenizações, volume de consultas aos sistemas;

Eventos anormais, por exemplo, cancelamentos de pedidos, devoluções de mercadorias, consertos fora de época, pagamento de indenização ou encargos (multas ou juros) aos fornecedores e órgãos públicos;

Perda de produtividade interna por má gestão de departamentos de suporte. Exemplos: Zeladoria e ou Manutenção: *equipamentos parados para conserto, demora no abastecimento de materiais aos departamentos, demora nos consertos ou troca de peças das instalações, demora na assistência aos departamentos para solucionar algum problema.*
Compras: *atrasos na entrega de insumos por falta de planejamento de prazos, compras em montantes aquém ou além do necessário, compra de produtos de má qualidade, compra pelo menor ao invés de melhor preço etc.*
Programação da Produção: *"lacunas de tempo" na produção por mau planejamento de tempos e ou de horários, escalonamentos inadequados e outros erros.*
Vendas: *reclamações de clientes ou revendedores, cuja causa foi vendas realizadas sem negociação com demais áreas da empresa, relativa a prazos e escalonamentos de entregas. Devoluções de mercadorias por vendas forçadas, por falhas nos processos, defeitos, falhas de sistema, prazos, etc.*

Um sistema de informações internas eficiente deve ser registrado por qualquer empregado, independentemente de sua atividade, mantendo sigilo em alguns casos para evitar atritos. Num método de gestão participativa, os empregados irão agir, quando perceberem qualquer anormalidade na empresa, portanto, deve haver recursos para que não haja omissão.

Analisando as informações internas, não as considerar como problemas, pois indicam distorções que devem ser encarados como sintomas e não como causas. Por exemplo, a demora de resposta das solicitações digitadas num terminal de computador é um sintoma e não uma causa, portanto, comprar um computador com maior potência nem sempre resolverá o problema, porque a causa poderá estar em outro componente, como a linha de comunicação, memórias insuficientes, etc.

Aproveitando as informações, até as que aparentemente pareçam banais, significará muito para a melhoria da qualidade e da produtividade.

Muito útil ter a "Ouvidoria Interna", tanto nos casos de negligências por parte de algum departamento ou fornecedor, e, até nos casos confidenciais, agindo com cautela para evitar represálias contra o empregado.

As técnicas e ferramentas, se usadas com sabedoria, são importantes na melhoria.

Os gastos com o aperfeiçoamento dos empregados ou melhoria de processos, devem ser usados com cuidado, porque alguns pontos podem anular os efeitos ou gerar problemas.

Os empregados devem buscar seu próprio aperfeiçoamento profissional. Treinamentos não podem ser usados para enriquecer seus currículos, ou porque o departamento tem uma cota de despesas a ser usada, necessitando gastá-la para conseguir justificar seu orçamento, nestes casos o aproveitamento é quase nulo.

Como ocorreu nos últimos tempos com Qualidade Total, Reengenharia de Processos e ISO 9000. O insucesso na implantação passa despercebido e sem descobrir as causas do insucesso anterior buscam outra técnica ou ferramenta, como se fosse um modismo.

Há ainda os efeitos negativos. Exemplo, a implantação da organização de processos (ISO 9000) poderá impedir melhorias importantes no produto. Conhecida como "reação camisa de força", porque toda vez que necessita fazer alguma alteração no processo, a alegação é que não é possível porque a alteração no processo é muito simples, mas, as alterações na documentação ISO 9000 são complexas e ou dispendiosas.

Portanto, inovações podem provocar reações negativas nos empregados. Só contratar especialistas para otimizar os processos com o envolvimento da força de trabalho. A decisão de mudar só terá sucesso se houver: a participação espontânea de toda a equipe, que tenham o conhecimento da finalidade das ferramentas e técnicas, saibam os benefícios futuros e os resultados que trarão para a equipe e para a empresa.

A partir da mudança comportamental as técnicas serão aceitas e até procuradas pelos próprios empregados. O treinamento na função[10] começa a ser praticado, aumentando o conhecimento e as habilidades. Os cursos externos são procurados para melhorar o desempenho e não mais para rechear currículos, a partir daí se pode esperar resultados positivos.

Mas a busca espontânea ocorre quando o líder procura despertar as necessidades de melhoria.

Filosofia ou Programa de qualidade e com produtividade

Filosofia é amplo e Programa é limitado, tem parâmetros definidos. Não confundir uma coisa com outra.

O que é filosofia da qualidade com produtividade
É a busca constante através de um método de gestão que propicie aos empregados fazer seu trabalho com melhor qualidade e maior produtividade. Atua primeiro nas atitudes dos dirigentes, numa mudança da gestão verticalizada para a horizontalizada, de impositiva para participativa com reflexos nos subordinados, levando às mudanças comportamentais de todos. Os empregados são despertados para as necessidades de mudanças, na análise dos problemas que afetam os produtos e desempenho da equipe, levando à busca de técnicas e ferramentas para alicerçar o seu trabalho. Aí sim a filosofia de qualidade com produtividade passa a ser das pessoas e não mais da empresa.

A motivação dos empregados passa a ser buscada nos sentimentos das pessoas, na eliminação das disputas internas e do mercenarismo. As disputas são voltadas para os

---

[10] Treinamento na função é um jargão técnico, para dizer que o aprendizado será realizado no próprio local de trabalho e não em sala de aula.

concorrentes externos e as premiações são reconhecimentos e não mercenarismo através da compra de resultados.

Os efeitos destas mudanças refletem-se tanto nos produtos e serviços quanto na vida futura de todos (acionistas, empregados, fornecedores e clientes).

O que é programa da qualidade

O grande problema dos programas está na gestão, porque esquecem das pessoas. Elas são forçadas a executar algo e não entendem o porquê daquilo que estão fazendo, não há participação, advindo daí um alto índice de rejeição, com falta de continuidade, burocracias, burlas. A motivação é temporária ou nula, porque não há motivo para justificar aquilo que estão recebendo e ou fazendo. Sem contar que a motivação pode ser considerada como "mercenarismo".

Usado normalmente para um produto ou um departamento da empresa, onde busca algo bom, barato e rápido, que se consegue com:

<u>Ferramentas</u>: Diagrama de Pareto, Espinha de Peixe, Histograma, Folhas de verificação, Gráficos de dispersão, Fluxograma, PDCA, 5W1H.

<u>Técnicas</u>: Indicadores de qualidade, CCQ, Times da Qualidade, ISO 9000, 5S, Just in Time, e Reengenharia de Processos.

<u>Motivação</u>: Prêmios em dinheiro, brindes, festas, revistas, fotos e filmes.

Alicerces da filosofia da qualidade com produtividade

Para implantar a filosofia da qualidade com produtividade é necessário reconhecer que:

O sistema de gestão atual não está adequado ao envolvimento de todos, e;

Deseja-se um sistema de gestão participativa, onde os empregados passem a trabalhar para a empresa.

Está alicerçada nos seguintes princípios:

Fornecedores externos são extensões da empresa e devem estar alinhados à filosofia da qualidade com produtividade;

Trabalhar de forma organizada e sinérgica para garantir a manutenção da qualidade com produtividade;

Os dirigentes são líderes que atuam como coordenadores da equipe e entre equipes;

Respeitar as pessoas, de maneira que elas se sintam participativas, úteis e responsáveis;

Buscar constantemente o feedback sobre qualidade dos produtos nos departamentos de vendas, lojas, assistência técnica e clientes;

Os processos e sistemas devem ser sinérgicos e de conhecimento de todos no departamento em que atuam;

Ouvir sempre os empregados e clientes como forma de avaliação dos produtos e serviços;

Atuar nos sintomas de problemas não esperando o cliente reclamar.

Conceito de qualidade com produtividade

O conceito é o equilíbrio entre bom, barato e rápido. Se for bom e barato, mas demorar não estará equilibrado.

Bom – quando for útil, durável e desejável. Útil porque é eficiente e atende às necessidades. É durável porque não tem defeitos, deficiências e ou quebras. Desejável porque se destaca pelos seus atributos: a fama, a marca, assistência técnica, atenção, cortesia. O bom atendimento e a confiança são requisitos que sustenta a qualidade, são atributos que alavanca a fama e destaca a marca.

Barato – quando o preço corresponde à utilidade e desejo simultaneamente. Produtos iguais podem ter preços diferentes em função da utilidade e dos atributos. Este requisito está ligado também à produtividade, porque está relacionado aos custos de produção. Quando a empresa não cuida bem dos processos, deixando de analisá-los constantemente, não ouvindo os empregados que executam as tarefas, não fazendo investimento nas melhorias, começa a perder mercado por não conseguir baixar os custos de produção.

Rápido – é relativo aos prazos de atendimento, de entrega, de assistência técnica. O prazo está estreitamente ligado ao produto, não se pode comparar o prazo de entrega de um produto feito por encomenda, como ocorre com navios, com aqueles de pronta entrega, como é o caso dos carros. Este requisito tem 2 componentes básicos, o prazo exigido pelo cliente e a produtividade rápida o suficiente para baixar os custos.

Algumas montadoras de automóveis perdem clientes fiéis, por falta de peças de reposição, falta de atenção às reclamações ou não tem o carro desejado para entrega.

A Qualidade está estreitamente ligada ao produto e a empresa. Produtos bons às vezes não deslancham por deficiência da empresa, por exemplo, terceirização de serviços de má qualidade, não cumprem os prazos acordados ou quando os empregados não dão atenção necessária aos clientes por "esnobar" a qualidade de seu produto.

Produtos de má qualidade também podem "queimar" o nome da empresa. Empresas bem preparadas com uma boa fonte de informações podem agir rapidamente revertendo a situação. Há empresas que tem um ótimo produto e um péssimo serviço e outras com ótimo serviço e um péssimo produto.

Consciência pela qualidade

As normas e procedimentos sobre qualidade devem ser um guia ou lembrete e não uma regra que tolhe e trava a criatividade e zelo. A qualidade deve ocorrer a partir das pessoas e do pleno conhecimento que elas detêm do conceito da qualidade, porque as pessoas fazem e percebem qualidade.

É possível executar o trabalho com qualidade e com produtividade quando as pessoas sabem o que se pretende fazer, onde se quer chegar e são chamadas a participar das decisões que interferem em seu trabalho. Mas, quando não sabem, é impossível ter qualidade com produtividade porque trabalharão por instinto.

Qualidade com produtividade tem sentido amplo, envolvendo o conjunto de etapas, desde o design até a assistência técnica.

É necessário investimentos na preparação dos empregados para a conscientização para a qualidade, mas por outro lado não se pode criar uma neurose da qualidade, porque em cada produto ou serviço há um custo da qualidade.

Para obter qualidade com produtividade em todos os sentidos é necessário muito sentimento pessoal.

A meta do zero erro deve ser uma preocupação pessoal e não uma neurose por medo de punições.

A preparação dos empregados deve ser gradativa e constante. Mais intensa até que todos estejam conscientes do "conceito da qualidade" (bom, barato e rápido), dos "alicerces para a filosofia da qualidade com produtividade" e principalmente a busca de feedback.

Ter em mente que os processos e sistemas são os focos dos erros. Erros têm causas e devem ser buscados nos processos e sistemas. Se alguém esquece de fazer algo, basta verificar a rotina do processo ou sistema que descobrirá a causa do esquecimento.

A "Qualidade Total" combateu o "efeito" e não a "causa" da má qualidade.

As empresas que tentaram implantar a "Qualidade Total", mesclando todo tipo de técnicas e ferramentas, esqueceram das pessoas e das recomendações de Deming, por isso poucas empresas lograram êxito.

Sempre se ouvia falar sobre os ensinamentos de Deming, mas quase sempre não analisavam e seguiam os seus 14 pontos e os 7 erros fatais. O guia da qualidade fazia recomendações que não eram seguidas. Analisando o guia (os 14 pontos e os 7 erros fatais) de Deming, perceberá que os problemas são originados no método de gestão.

Falando sobre gestão participativa, a maioria aplaude dizendo "realmente isso é importante, pois as pessoas necessitam ser mais participativa, mas não podemos esquecer que sem competição entre elas não haverá produtividade". Está aí a causa do insucesso porque é ilógico querer que duas atividades antagônicas sejam executadas ao mesmo tempo.

11. AS DIFERENÇAS ENTRE AS PESSOAS

Para trabalharmos em harmonia com outras pessoas temos que conhecê-las

Se pudéssemos escolher as pessoas que irão trabalhar conosco, procuraríamos as pessoas com o perfil que desejamos. Mas mesmo que fosse possível fazer a escolha, elas jamais seriam exatamente como desejamos, a personalidade, as características, o temperamento e bons e maus hábitos variam de uma pessoa para outra.

A escolha de um candidato é feita através dos currículos, alguns testes e entrevistas. Os currículos apresentam os pontos positivos. Os testes e entrevista, mostram algumas características, arrogância, timidez, mas dificilmente iremos detectar problemas de personalidade, temperamento ou hábito, porque isto só será percebido posteriormente.

O líder deve fazer o acompanhamento das atitudes de cada um de seus liderados, registrando hábitos, temperamentos e personalidades. Essas informações são de suma importância para a identificação do perfil profissional de cada empregado. A correta utilização dessas informações, ajuda a melhorar a vida profissional do empregado e adequar a sua função na equipe.

Temperamentos difíceis e maus hábitos

Os temperamentos difíceis são mais complicados de lidar, porque as pessoas não admitem facilmente, que suas atitudes são inadequadas e prejudiciais ao convívio. Mas é possível o tratamento.

Os maus hábitos são fáceis de lidar, mediante diálogo, os casos de: pouca higiene, desleixo com a vestimenta, falar em tom de voz muito alto ou gritar, utilização de palavreado inadequado, brincadeiras de mau gosto, e vários outros comportamentos.

Ambos são prejudiciais, porque causam indignação ou repudia nas pessoas, que estão no mesmo ambiente, atrapalhando a coesão da equipe.

Este tema é delicado e requer astúcia na condução da questão. Numa situação dessa ninguém vai agir falando diretamente com a pessoa que possui os defeitos, pois seria uma intromissão na intimidade alheia. Mas os problemas que atrapalham a equipe, devem ser eliminados ou no mínimo minimizados. Todos os participantes da equipe devem contribuir atuando na eliminação do seu problema.

A inércia só piora a situação, portanto o assunto deve ser discutido em reunião sem indicar esta ou aquela pessoa, devem ser listados os maus hábitos ou os temperamentos difíceis, em seguida devem ser reconhecidos pela maioria, como prejudicial à equipe.

Cada um deve ter a chance de procurar descobrir seus próprios problemas e atuar na causa sozinho ou pedindo ajuda a um colega de sua confiança ou ao líder.

Perdurando, deve ser apontado pela segunda vez. Se o detentor do problema não o erradicar, o líder deve conversar com a pessoa, se mesmo assim não for solucionado, a equipe deve buscar uma solução.

Características (personalidade, temperamento ou hábito).

As características abaixo são perceptíveis no convívio diário e ao longo do tempo. Um bom trabalho de aconselhamento pode ajudar essas pessoas.

Gênio ou sabichão - é inteligente e habilidoso, utiliza-se do recurso da lógica e comparações para dar a entender que conhece o assunto tratado, mas desconhece detalhes, às vezes importantes, para sustentar a proposta.

Improdutivo - esconde-se nas reclamações. É capaz de fazer simulações inacreditáveis mostrando aos outros que está muito atarefado.

Esforçado - não sabe dizer "não" para o excesso de trabalho, aceitando tudo que lhe for entregue para fazer. Vive sobrecarregado de trabalho e quando percebe que estão abusando dele não fala, mas toma atitudes drásticas.

Dependente - é medroso, não sendo capaz de assumir responsabilidades. Sob o argumento de estar com dúvidas, pergunta o óbvio. Aceita qualquer sugestão. Não tem segurança no que faz.

Autossuficiente - é senhor de si, capaz de fazer loucuras pensando que está no caminho certo. Não reconhece seus erros procurando desculpas para justificar sua precipitação. Individualmente não poderá ter muita autonomia.

Apressado - faz tudo às pressas sem pensar, quando alguém fala "vai lá e..." ele sai em disparada e volta desconcertado. Esta pessoa é muito útil quando orientada a mudar sua maneira de agir.

Lerdo - é bonachão, não se preocupa com a rapidez, faz tudo lentamente. Sua lentidão causa irritação aos colegas. Difícil contar com ele.

Burocrata - é uma pessoa que tem medo, e como alternativa lança mão da burocracia para defender-se. Quando alguém solicita algo a ele, recebe a resposta "faça uma requisição" ou "por favor peça por escrito". Controla tudo. É capaz de mencionar regras que nunca existiram para justificar suas atitudes.

Pessimista - qualquer inovação ou projeto ele aponta problemas, sem argumentos afirma "é melhor deixar como está" ou "se der problemas não conte comigo", e quando tem argumento são banais.

Indefinido - está sempre se esquivando, quando solicitam sua opinião procura desviar do assunto para não se comprometer.

Intelectual - é de certa forma arrogante e pretensioso, usa a crítica negativa para menosprezar seus adversários. Usa o "enfeite" de relatórios, com bom leiaute, com palavras bonitas, com anexos contendo pesquisas e demonstrações para mostrar sua capacidade. Seus discursos são bonitos, mas sem fatos concretos, seus números são irreais.

Arrogante - é insensato por sentir-se superior a todos, acredita que sabe mais que os outros e tenta humilhar seu interlocutor. Alguns o aceitam para não criar confusão, outros o evitam e outros o boicotam.

Pensador - pouco conversa e assim perde oportunidades por não falar, mas analisa tudo que ouve e é muito observador.

Independente - é individualista convicto, ou seja, eu e somente eu, portanto inimigo do trabalho através de equipe. Pensa que o trabalho partilhado irá sugar-lhe as ideias e prejudicá-lo profissionalmente.

Democrata - é de certa forma dependente da opinião dos outros, seja por medo de assumir responsabilidades ou como uma forma de aparecer perante os colegas. É como um "político", conversa com todos e está sempre disponível para fazer reuniões.

Projetista - é convicto que tem solução para tudo. Está sempre acreditando que não lhe falta criatividade. É um sonhador e acredita que uma ideia é um projeto. Diz que é responsável pelos projetos mais rentáveis da empresa. É o "aparecido", pois está sempre em evidência. São ilusões que nunca foram contestadas.

Tímido - são sintomas de inferioridade, muitas vezes pela superproteção ou pressão quando criança e falta de tratamento posterior. Não se expõe a nada. Esconde-se atrás da burocracia para evitar se expor. Está sempre embaraçado diante do chefe ou de um desconhecido.

Chato - intrometido, palpiteiro, fofoqueiro, inoportuno. Se envolve em assunto alheiro, faz brincadeiras de mau gosto, fala o que não deve, chega sempre na hora errada. Numa reunião sempre vem com assuntos pessoais.

Explosivo - não mede as consequências de suas reações, à medida que é pressionado, explode ou está sempre em atitude agressiva. Sua atitude incomoda a equipe, todos evitam questioná-lo com medo de suas reações.

Inconveniente - fala o que não deve e corta a conversa dos outros. É desagradável e impertinente. Mistura assuntos pessoais com profissionais. Conhecido vulgarmente como "puxa-saco", cria intimidade rapidamente com os superiores e menospreza os inferiores fazendo transparecer que seu chefe é seu amigo íntimo.

12. TÉCNICAS E FERRAMENTAS USADAS NA MELHORIA DO TRABALHO

Aceitação das técnicas e ferramentas
Como já dissemos, os empregados normalmente são avessos às mudanças, será necessário um ambiente de trabalho propício para que eles aceitem aprender e utilizar novas técnicas e ferramentas.

O método de gestão participativa fornece um ambiente de trabalho adequado à aceitação de mudanças, é com este ambiente favorável e o líder atuando como incentivador, que levará os empregados a procurar os recursos necessários para melhorar o desempenho. Será despertado nos empregados a necessidade de novas técnicas e ferramentas, a partir daí terá todas as condições para obter sucesso.

Os casos a seguir, são comentários e alertas do autor sobre as técnicas e ferramentas, conhecidas no mercado de trabalho, não podendo ser consideradas como treinamento, porque dependerá de maior conhecimento sobre elas.

Técnicas que podem ser consideradas como abandonadas
Gestão Participativa (técnica e não método).
A Gestão Participativa, usada em áreas isoladas da empresa com atividades nos 2 métodos de gestão, participativa e competitiva. Os 2 métodos de gestão são antagônicos, os conflitos deixam as pessoas desordenadas.
Os CCQ- Círculos de Controle de Qualidade.
São grupos de empregados que formam os CCQs, para analisar e sugerir mudanças, não atuam como equipes, mas como grupos isolados. Os resultados do trabalho dos círculos passam a constituir problemas para os participantes, porque começam a serem vistos como improdutivos aos olhos dos colegas e da chefia. As criações dos círculos não têm o respaldo do chefe, suas ausências e o não cumprimento de metas deixam os empregados em má situação. O resultado do trabalho deles, ou seja, as sugestões, causam atritos e insatisfações nos outros grupos de trabalho (não participantes do CCQ), porque eram consideradas intromissões no trabalho alheio.

Organização do ambiente de trabalho 5S em Japonês ou Housekeeping em Inglês

Após a implantação da gestão participativa as 5 atividades abaixo, que chamamos cada uma como um "senso[11]", favorecerá a consolidação das mudanças, porque a finalidade é a organização e melhoria do ambiente de trabalho.

SENSO DE UTILIZAÇÃO (SEIRI)

Separar tudo aquilo que é inútil ou não contribui para o trabalho, descartá-lo ou doar a quem realmente possa utilizá-lo. Serão necessários cuidados especiais, evitando descartar algo importante por desconhecer as informações.

Máquinas podem ser inúteis numa equipe e serem úteis em outra ou no aproveitamento de peças de reposição num caso de emergência.

Documentos é importante conhecer nuances, por exemplo, guia de recolhimentos de impostos, taxas e contribuições têm prazos diferenciados de acordo com a finalidade. Guias de impostos, embora tenham prazos definidos, há detalhes que modifica o prazo, como o ano fiscal que encerra em 5 anos 11 meses e 29 dias, o que correspondente a 6 anos, isto se não houver nenhuma pendência fiscal, que nesse caso o prazo ficará em aberto.

Há guias de recolhimentos que são tratadas erradamente como fiscais. No caso de Contribuições Previdenciárias ou Fundo de Garantia por Tempo de Serviço FGTS o prazo é enorme.

Um contrato já liquidado poderá ser questionado na justiça.

Ao descartar documentos tenha certeza sobre o tempo, porque o ônus da prova é do devedor e não do credor, portanto quem não comprova o pagamento terá que pagá-lo novamente e com acréscimo.

SENSO DE LIMPEZA (SEISOU)

Manter o ambiente limpo e saudável. Fazer uma autocrítica de suas atitudes com relação ao ambiente de trabalho, e fazer com que outros, também, mantenham o ambiente de trabalho limpo, saudável e agradável. Tomar cuidado evitando a neurose pela limpeza e gastos desproporcionais. Limpeza é uma questão de

---

[11] O termo senso utilizado como "reflexivo", ou seja, raciocínio, julgamento e conscientização.

hábito, portanto, todos devem contribuir uns com os outros para estimular o hábito de limpeza e higiene. Permita que colegas o alerte sobre um mau hábito, só assim poderá mudar para melhor.

Às vezes atitudes simples podem representar muito. Um senhor idoso disse-me certa vez, que as crianças podem mudar o mundo. Ele aprendera na escola que não era correto escarrar no chão, sendo uma atitude normal dos adultos naquela época, não deveriam jogar objetos no chão ou pela janela, não mentir, falar corretamente e que seu país no caso a Suíça, dependia das crianças para ter um mundo melhor. Aprendera também, que as acrianças deveriam agir para que todos tivessem atitudes corretas, e a partir daquele momento eles deveriam censurar os mais velhos nessas atitudes, mesmo que fossem punidos não deveriam esmorecer. E realmente as crianças podem mudar o mundo pelo exemplo que temos hoje da Suíça.

SENSO DE ORGANIZAÇÃO (SEITON)
Manter as coisas organizadas de maneira que você e outros rapidamente possam localizar aquilo que procura. Atuar de forma que outras pessoas que utilizam o ambiente ou utensílios conheçam as regras e mantenham a organização. Ter em mente que a produtividade e a qualidade são dependentes da organização.

A manutenção da organização só ocorre quando a equipe se conscientiza da necessidade de criar hábitos que ajudam na organização. Lembre-se hábito é uma coisa intima e ninguém deve entrar na intimidade alheia, a não ser que seja solicitado, portanto solicitem ajuda uns dos outros quando necessitar mudar hábitos.

Nem sempre as regras resolvem o problema, neste caso utilize alguma metodologia simples e racional para ajudar a manter a organização.

Antes iniciar a execução de uma receita de bolo, a pessoa prepara de forma organizada todos os materiais (ferramentas e ingredientes). Assim deve ser feito no trabalho, antes de iniciar as atividades, prepare todo material necessário às atividades do dia, não esquecendo de registrar a retirada de equipamento, ferramenta ou material, fazer a baixa no estoque no ato, isto evitará falsa informação da existência daquele item.

SENSO DE SAÚDE (SIKETSU)
Manter o ambiente inofensivo para você e para os outros.

As coisas maléficas para a saúde podem ser visíveis ou invisíveis.

Os perigos visíveis, também podem passar despercebidos tais como: descuido com fios elétricos, gás, gaveta aberta num local onde há trânsito de pessoas, falta de para-raios, equipamentos perigosos, poluição de qualquer espécie, etc. Uma expressão que vi numa fábrica expressa bem como devemos proceder, ou seja, "perca um minuto de sua vida cuidando da segurança no trabalho e ganhe uma vida inteira saudável".

Os invisíveis podem ser piores, porque são imperceptíveis. Os sentimentos de tristeza, que causam dor, ocorrem quando você sente raiva, fica indignado, tem ciúme, fica com inveja. Os sentimentos de alegria são as ações de perdão, de solidariedade, de amor, de admiração.

Está provado que a tristeza causa dor e piora a saúde, e que a alegria causa entusiasmo e melhora a saúde. É preciso muito esforço pessoal para aprender a promover ações de alegria, que por si só combatem as ações de tristeza.

SENSO DE AUTODISCIPLINA (SHITSUKE)
O termo disciplina pode ter conotação negativa ou positiva.

A negativa se caracteriza quando não favorece as pessoas, a natureza ou a comunidade.

A positiva são regras ou hábitos que retornam ao homem na forma de algum benefício.

É difícil definir disciplina, pois varia de acordo com as regras ambientais onde você esteja. Mas algumas são estáticas e valem para qualquer ambiente.

Fazer uma autocrítica de suas atitudes com relação ao ambiente, familiar, social e de trabalho, como cuidados com a saúde, cuidar da higiene, ser organizado, ser educado, respeitar as pessoas, manter a ética no trabalho, respeitar os horários, respeitar a natureza contribuindo para a preservação e principalmente, reaproveitando o lixo, colaborando ou sendo solidário com outras pessoas.

Nós ocidentais, não estamos habituados a exercitar a

autodisciplina. É um esforço pessoal que nos possibilita viver melhor, através do retorno em forma de benefícios diretos com melhor saúde, maior alegria ou indiretos através da natureza ou ambiente saudável e alegre.

Por exemplo, cumprimentar as pessoas ao chegar num ambiente qualquer, agir com cortesia com outras pessoas abrindo uma porta para outra pessoa passar, aguardar a outra pessoa passar num lugar apertado e outras atitudes de cortesia.

Às vezes, nem sempre será possível se fazer sozinho a reeducação de modos. Não se acanhe e peça ajuda a seus colegas, solicite a eles para lembrá-lo quando ocorrer algum deslize.

O QUE, PORQUE, QUEM, ONDE, QUANDO e COMO (5W e 1H em Inglês).

Quando ocorre algum problema a primeira ação será agir sobre as consequências (efeito) esquecendo da solução para causa ou origem do problema. É como combater um incêndio, primeiro apaga as labaredas, depois as brasas e por fim a causa. Registrar informações sobre problemas é muito útil, primeiro porque nem sempre será possível atacar a causa de imediato e segundo porque será necessário análise, tempo e recursos, etc.

Os 5W e 1H, ou seja: What (o que), Why (porque), Who (quem), Where (onde), When (quando), How (como) é uma forma de registrar e organizar a solução do problema.

Podem ser utilizados isoladamente em pequenas ocorrências ou nos casos mais complexos conjugado com PDCA, que exija um planejamento mais elaborado.

Às vezes fazemos essa organização usando o 5W mentalmente, mas não registramos, e logo cai no esquecimento. Quando quer saber algo a respeito, para solucionar, o entendimento fica difícil.

5W e 1H

ANÁLISE DE PROBLEMAS	ANÁLISE DAS SOLUÇÕES
O que ocorre? Há reclamações (problema);	O que ocorre? Temos uma falha de definição;
Porque ocorre? Há falhas no processo;	Porque ocorre? Testes incompletos antes da implantação;
Quem está envolvido? Os clientes X, Y, Z;	Quem está envolvido? O laboratório e fábrica;
Onde está o problema? Na rotina A;	Onde será corrigido? Na rotina A;
Quando ocorreu? Na última alteração;	Quando estará pronto? No dia DD/MM/AA;
Como ocorreu? Na definição errada. Clientes foram ressarcidos.	Como será a solução? Redesenhar, testar e implantar nova rotina.

Planejar, Desenvolver, Controlar, Aperfeiçoar PDCA

O PDCA é útil no desenvolvimento ou reformulação de produtos ou serviços e na solução de problemas mais complexos. É uma maneira de trabalhar com "Processos e Sistemas" de forma organizada. PDCA é uma sigla traduzida do Inglês, embora não seja totalmente igual, foi possível manter a mesma sigla no Português, ou seja, **P**= Plan= Planejar, **D**= Do= Desenvolver, **C**= Check= Controlar e Avaliar, **A**= Action= Acompanhar e Aperfeiçoar.

Uma ideia começa pequena e crescerá se for organizada desde o início. É para isso que serve o PDCA, caso contrário um projeto poderá tornar-se um "elefante branco[12]".

É comum depararmos com bons projetos, mas por falta de planejamento na sua elaboração tornam-se deficientes quando ocorre um problema. Portanto, um lembrete importantíssimo, sem o espírito de equipe o PDCA será inútil, porque dependerá da expertise de várias pessoas envolvidas no sistema.

---

[12] No antigo reino de Sião, atual Tailândia, o rei dava aos cortesãos "um elefante branco" que não podendo ser recusado caíam em desgraça. Sendo animal sagrado e presente do próprio rei não poderia ser vendido, sacrificado ou posto para trabalhar. Restava ao infeliz agraciado alimentá-lo, acomodá-lo com luxo, sem nada obter de todos esses cuidados e despesas.

Ao elaborar o PDCA é necessário pensar em tudo, escrevendo, repensando, reescrevendo e simulando mentalmente todas as etapas, da construção, dos controles, do gerenciamento e das melhorias futuras.

Técnicas que podem ajudar na elaboração do PDCA:
A Catalogação de Informações sobre o Produto (**QFD**) - os erros e falhas do passado não se repetirão.
Os **5W e 1H** - servindo para organizar quando da análise das causas.
A Espinha de Peixe (**Diagrama de Causa e Efeito**) - para respostas às catalogações.

Resumindo, num novo produto ou reformulação, usando: o "QFD" elimina-se velhos problemas usando catalogação das ocorrências do passado; com "5W e 1H" organizamos a solução; com a "espinha de peixe" descobrimos as causas.

Planejar **(P=Plan)** não é nada complexo, porque já executamos o planejamento mentalmente. Por exemplo, as pessoas quando sabem que há um congestionamento no trânsito já fazem mentalmente o planejamento de rotas alternativas. O que falta é escrever o que se pensa, deve ser encarado como estar olhando do alto para baixo, como se fosse um reconhecimento do terreno, são respostas para os 5W e 1H.
Portanto, é o ato de pensar e anotar antes de fazer o que está pensando e como irá agir em cada situação.
O planejamento define como será cada etapa do PDCA, ou seja, como será o desenvolvimento. Quais os controles serão necessários e como eles serão feitos, como serão utilizados. Como será o gerenciamento daquilo que está sendo desenvolvido. Quais serão as melhorias futuras.

Desenvolver **(D=Do)** quer dizer executar, seja o ato de elaborar o projeto, detalhando tudo aquilo que foi planejado, descrevendo como deve ser cada etapa daquilo que se pretende fazer, e depois desenhar, testar.
As etapas pós-projeto são: fabricar, vender, entregar, dar assistência e controlar.

Controlar e Avaliar **(C=Check)** é uma necessidade, mas controle em excesso pode atrapalhar, portanto, todo controle deve trazer benefícios de alguma forma. Sem controle não será possível saber o que está acontecendo, não será possível tomar providencias em tempo hábil e tampouco evitar prejuízos. Também não será possível saber o resultado daquilo que foi feito. Enfim, sem controle não será possível gerir adequadamente.

Os controles não necessitam serem sofisticados, mas devem conter informações suficientes para monitorar e acompanhar o produto ou serviço.

<u>Acompanhar e Aperfeiçoar</u> **(A= Action)** produto ou serviço sem acompanhamento é um trem desgovernado. No planejamento deve estar previsto como será o acompanhamento, até para saber quais os tipos de controles serão necessários.

No acompanhamento ou gerenciamento de um produto ou serviço, irá aparecer problemas ou necessidades de aperfeiçoamento. Também devem estar previstos no planejamento as eventuais necessidades futuras.

Não é sensato automatizar uma rotina e não prever expansão, ou deixar que partes dos processos seja necessário a intervenção manual.

Espinha de Peixe usado na investigação do ocorrido (Diagrama de Causa e Efeito)

Quem leu os livros de Sherlock Holmes ou Agatha Christie poderá entender melhor o que é a "Espinha de Peixe" ou Diagrama de Causa e Efeito, porque se compara a um evento anormal ocorrido, no caso um problema (nos livros um crime roubo ou assassinato), volta-se aos fatos passados para descobrir as causas que provocaram o problema (nos livros o crime).

Usando o diagrama de causa e efeito ou qualquer outra forma de análise, parte-se do problema já ocorrido retornando aos acontecimentos anteriores, para descobrir as causas e aí criar as soluções.

É muito comum uma pessoa estar combatendo o efeito e dizendo que está resolvendo o problema. Resolver o problema tem duas atividades: a primeira será realmente combater o efeito (apagar o fogo) e a segunda e mais importante é descobrir as causas (o que está provocando o incêndio).

O Diagrama serve para analisar as causas partindo do problema, e voltar perguntando: "Por que? Por que? Por que?"

Até chegar onde o problema foi originado (causa).

Exemplo: O chefe do Departamento de Embalagens e Entregas quer demitir o motorista que faz as entregas, e o motivo é o atraso na entrega de produtos aos clientes (problema).

Aplicando a ferramenta:

Por que? O motorista sempre demora no trânsito muito além do previsto;

Por que? Se saísse no horário não pegaria o congestionamento, mas como ele sai do depósito sempre atrasado pegará o congestionamento;

Por que? A equipe de Embalagens não entrega ao motorista os produtos embalados no horário previsto;

Por que? A entrega diária do material de embalagem sempre chega atrasado, o que atrasa a preparação dos produtos e consequentemente a entrega ao motorista;

Por que? O chefe do Departamento de Embalagens e Entregas demora muito liberar o pedido de material de embalagem;

CAUSA: O atraso tem origem na liberação do material de embalagens pelo chefe do Departamento de Embalagens e Entregas.

SOLUÇÃO: Atuar energicamente sobre chefe do Departamento de Embalagens e Entregas (que mandou demitir o motorista indevidamente).

Times da Qualidade (para atuar em assuntos ou problemas complexos)

São equipes criadas especificamente para atuar em problemas mais complexos, que demandam pesquisas e análises em vários departamentos da empresa.

Cuidado especial deve ser tomado com relação ao sucesso dessa atividade. Se acaso a gestão participativa não for bem disseminada na empresa, poderá haver dificuldades.

A primeira dificuldade será a dedicação dos empregados. Se for dedicação integral não se sentirão seguros de seu futuro, porque ao término do trabalho poderão pensar que serão dispensáveis. Se for dedicação parcial a preocupação com a atividade principal sobreporá seus esforços no Time. Será importante tranquilizar os envolvidos, se for dedicação integral tomando as providências necessárias para garantir o futuro deles e se for dedicação parcial providenciar o remanejamento de tarefas para outras pessoas.

A segunda dificuldade será onde o time irá atuar. Numa gestão competitiva as equipes concentram seus esforços nos seus objetivos e metas e não irão atender o Time, porque essa atividade extra não faz parte de seus objetivos e suas obrigações.

Numa gestão participativa a forma de atuação é diferente, com mais envolvimento das pessoas, atuando em sinergia, onde todos os departamentos e funções envolvidas participam das discussões, facilitará o apoio ao Time na execução do trabalho.

Equipes Sinérgicas (Células Multifuncionais)
São equipes de trabalho que atuam de forma participativa, integrada e coesa. O forte dessa técnica é:
Feedback constante entre as equipes;
Mobilidade na ajuda mútua entre as equipes no caso de atrasos que comprometam o processo;
Coordenação única para facilitar a integração, a coesão e o diálogo.

Será difícil obter sucesso dessa técnica na gestão competitiva, pois o feedback e a ajuda mútua não são práticas possíveis neste método, pois todo os esforços concentram-se nos objetivos.

Na gestão participativa o objetivo comum é o resultado final e feedback e ajuda mútua e a sinergia faz parte do trabalho.

Há um capítulo específico sobre "Equipes sinérgicas"

Estoque mínimo (Just in Time)
Sistema de parceria entre empresas e seus fornecedores, objetivando o estoque mínimo necessário.

No método de gestão participativa a aplicação da técnica do estoque mínimo será mais fácil, porque alguns conceitos favorecem o uso desta técnica, ou seja, o fornecedor é a continuidade da empresa e terá que trabalhar coeso com as equipes da empresa cliente, da mesma forma, o departamento de compras e o de controle e gerenciamento de estoques conseguirão fazer uma gestão mais eficiente trabalhando em sinergia com os demais departamentos.

Estoque mínimo não significa ausência de estoque, para cada

caso há um volume estocado para garantir a continuidade da produção.

Organização dos problemas por ordem de importância (Gráfico de Pareto)

Utilizado para medir os efeitos dos problemas, partindo daqueles de maior impacto e parando naqueles de menor impacto. Tem como finalidade a definição de prioridade de atuação.

É importante estar consciente que:
Não se pode consertar tudo ao mesmo tempo numa empresa.
Não se deve corrigir algo menos importante em detrimento de outro de maior importância, exceto nos casos em que aquele menos importante seja estrutural ou refletirá no de maior importância.
Deve ser atacado o problema de maior impacto.
À medida que aquele de maior impacto, deixa de ser um problema, o imediato passar a ser o de maior impacto e passa a ser corrigido também e, assim, sucessivamente os problemas vão sendo corrigidos por ordem de importância.

Catalogação de Informações sobre o Produto (QFD Quality Function Deployment)

Trata-se de uma "Função de Combate à má Qualidade", que quer dizer "estar preparado sempre para o combate às causas da má qualidade". Sua base é a pesquisa e catalogação sistemática de todas as informações de cada produto. As informações catalogadas, normalmente são reclamações, elogios, sugestões, registros de falhas, erros, mau funcionamento, devolução de mercadorias, regulamentos (leis, portarias, resoluções e outros atos regulatórios).

Essas informações devem ser partilhadas, isto é, todos devem tomar conhecimento. Servem de base histórica no desenvolvimento de novos produtos e ou para corrigir deficiências quando da alteração do produto atual.

Empresa que atua forte na melhoria da qualidade utiliza catalogação através de base de dados colhidos em todos departamentos que possam detectar algo anormal, na fábrica, na controladoria, na assistência técnica, nos pontos de vendas através dos vendedores, no serviço de atendimento ao cliente-

SAC, pesquisas com clientes e empregados.

Nas empresas de serviços, como não há assistência técnica, a catalogação dever ser buscada no "Serviço de Atendimento ao Cliente-SAC", "Help Desk" ou qualquer departamento de atendimento aos clientes internos ou externos.

Não esquecer que, ao solucionar o problema catalogado, anotar essa informação na base de dados, retirando-a da situação de pendente.

13. A EVOLUÇÃO NOS MÉTODOS DE GESTÃO

Gestão antes da revolução industrial

Os escritos mais detalhados a respeito do método de gestão empresarial que conhecemos hoje, começam a partir de meados dos anos 1.750, sobre a "Revolução Industrial". Até então, as informações a respeito da atividade de gestão, versavam sobre 4 principais métodos.

Artesãos mais conhecidos como mestres, eram os empresários das atividades de fabricação de produtos e prestação de serviços. Eles se relacionavam diretamente com seus empregados, também denominados aprendizes ou criados.

Mercadores atuando como empresários na atividade comercial, também importante naquela época, eles se relacionavam da mesma forma com seus empregados das várias atividades, tais como, carregadores, caixeiros viajantes e representantes comerciais.
Nestas duas atividades havia interesse de um bom relacionamento, para atender os anseios e desejos de ambos, patrão e empregado.

Feudos e a escravidão principalmente no trabalho agropastoril, fluíam mais por imposição, subjugando os trabalhadores.

Militares dominavam as técnicas de gestão mais organizada, tendo uma estruturação e forma de comando bem definida, mas também fluía por imposição, subjugando os trabalhadores.

Gestão a partir da revolução industrial

Com a introdução das máquinas na fabricação dos produtos, iniciando a "Revolução Industrial", e a expansão do comércio, com a melhoria dos meios de transporte, os artesãos e mercadores, foram obrigados a delegar parte de suas funções a intermediários, para gerenciar as atividades empresariais, nascendo aí a figura dos chefes, como conhecemos hoje. Com um "corpo diretivo", inserido entre o Empresário e os Empregados, o relacionamento mudou substancialmente.

O modelo adotado para a introdução das regras de gestão foi o militar, porque naquela época era excelente como organização funcional. Mas o modelo militar, assim como o feudal e o escravocrata, atuavam por imposição, portanto o modelo adotado passou a criar dificuldades para os Empresários, principalmente no processo de relacionamento interno.

A partir de então nascia um novo método de gestão, que foi recebendo novos métodos, ficando conhecido como gestão através de objetivos (MBO Management by Objectives). Adotado por médias e grandes empresas, com metodologia de acompanhamento individual, tanto na fixação de metas para medir a produtividade, quanto na avaliação e premiação. Este método passou a conduzir os empregados a uma competição interna, ficando conhecida também como gestão competitiva. O sistema de objetivos e a fixação de metas são muito importantes, entretanto, há dificuldade para conseguir trabalho em equipe.

Gestão participativa

O método participativo preserva as boas práticas do método competitivo e a organização funcional do modelo militar. Basicamente o que altera é a arte de liderar e a visão de futuro de todos e a forma de relacionamento interno. Reintroduz as habilidades dos mestres através dos líderes, a dedicação dos aprendizes através das equipes sinérgicas.

14. A EVOLUÇÃO DA GESTÃO PARTICIPATIVA

Em 1991, ao iniciar os primeiros trabalhos sobre a "Qualidade Total" começaram a surgir dificuldades, porque nos escalões inferiores a implantação de técnicas e ferramentas chegava a um certo estágio e surgiam problemas de continuidade ou a implantação era abandonada.

Buscando uma solução para as dificuldades de implantação da "Qualidade Total" e não um novo método de gestão, foi necessário análise das causas.

Análise das causas das dificuldades para implantar a "Qualidade Total"

Onde havia sintomas de liderança, os trabalhos prosseguiam com mais facilidade. Era perceptível que as atitudes de liderança favoreciam a participação dos empregados, embora não houvesse atuação no método de gestão participativa, porque naquele momento as tentativas de usá-la como uma "técnica" não havia dado resultado.

Na troca de experiências com outras empresas e nos vários congressos havia rumores sobre as dificuldades de implantação. Algumas empresas estavam desviando para outras técnicas, abandonando os conceitos da "Qualidade Total".

Usando a própria técnica da "Qualidade Total" para análise das causas dos problemas, descobrimos que as causas estavam nas ações e reações das pessoas e não nas técnicas e ferramentas utilizadas.

Uma das causas era a falta de espírito de liderança dos chefes, a mesma situação não ocorria onde os dirigentes atuavam com espírito de liderança. Outra causa era o sentimento dos empregados, que interferia no relacionamento deles, criando dificuldades no trabalho e entre equipes.

Outra constatação importante foi que; uma causa estava relacionada com a outra, ou seja, a maioria dos sentimentos das pessoas estava ruim por falta de liderança dos dirigentes.

Iniciamos o trabalho de diagnóstico conversando com os empregados, sem mencionar nada sobre "Qualidade Total" ou sobre o método de gestão, evitando qualquer bloqueio por medo de represálias. Percebemos desde o início, que as pessoas tinham medo de falar, mediam as palavras ao responder as perguntas.

Ao iniciar a conversa, de imediato, queriam saber porque estávamos ali, então o argumento foi que estávamos sem atividades naquele momento e que a visita era de cordialidade.

As perguntas eram formuladas a respeito do passado, quais eram os pontos marcantes na carreira de cada um, o que foi fácil na carreira o que foi difícil e fechava com uma pergunta sobre o que ela esperava do futuro. Atuava de forma descontraída, sem anotações, gravações ou filmagens, para conseguir maior espontaneidade dos entrevistados.

Nesse diagnóstico percebemos muita mágoa, insatisfação com os insucessos no trabalho, indignação com as atitudes dos dirigentes, alegavam que *"a empresa que está cega e surda para problemas tão simples"*. Falavam da empresa como se ela fosse uma pessoa real, ali junto delas, vendo tudo acontecer totalmente imóvel e indiferente.

Os empregados, em sua maioria, não têm consciência de que a empresa não existe e quando estão falando mal da empresa não percebem que estão falando de si próprios.

Ao final de cada conversa analisávamos cada caso, buscando a relação entre o que foi falado e as ações e reações de cada um sobre o trabalho.

Uma relação enorme de problemas que atravancavam a implantação de técnicas e ferramentas, começando pelos chefes e terminando nos subordinados.

Nos chefes os principais problemas foram:

Sobrecarga de responsabilidade que poderia ser diluída pela equipe, mas o método de gestão adotado pela empresa não o permitia;

Método de atuação desfavorável à integração da equipe e desprezo pelos sentimentos das pessoas. As principais atitudes inadequadas foram: estímulo à disputa interna e ao confronto, não combate ao negativismo, pressão mediante ameaças, falta de ação sobre os problemas estruturais, comunicação totalmente verticalizada, punições injustas, inércia quando havia atritos entre os subordinados, falta de habilidade no relacionamento com subordinados, desmandos, etc.;

Até nas atuações do chefe em forma liderança havia problemas, porque faltava coerência entre sua atuação e as políticas de recursos humanos da empresa, avaliando e premiando individualmente dificultando o trabalho em equipe;

Pouca coesão nos escalões superiores e os atritos, entre eles, eclodiam nos escalões inferiores e desciam sucessivamente.

Nos subordinados os principais problemas foram:

Passividade com problemas visíveis que não estivessem sendo cobrados pela chefia;

Quando alguém do escalão superior visitava uma unidade, as pessoas evitavam contato com o visitante. Percebemos que era uma precaução para evitar dizer algo comprometedor ou receber uma cobrança;

Qualquer irregularidade cometida pela chefia, por mais grave que fosse, havia um silêncio de todos;

Uma aproximação de um subordinado ao seu chefe, era motivo para fofocas, ciúmes, e até reclamações.

Atritos entre colegas por ocorrências banais. Por exemplo, uma pessoa esbarra na mesa de outro por acidente e gera um "bate boca";

Boicotes de informações entre empregados da mesma equipe, por disputa, ciúmes, algum atrito do passado, e até sem motivo aparente;

Reclamações infundadas sobre: o volume de trabalho, a empresa, os gastos, as normas e vários outros temas;

Medos banais tais como: ser questionado sobre algo, ter que conversar com alguém de um escalão superior, ou medo de ser demitido, porque em outro departamento houvera demissão ou alguma mudança estrutural.

Conclusão sobre as causas de dificuldades para implantar "Qualidade Total"

Comparamos os dados pesquisados com outros casos que havia mantido relacionamentos no passado, no Uruguai, Chile, Colômbia, EUA e Europa. A conclusão foi que a situação era minimizada nos casos onde havia as seguintes situações:

Atuação do chefe com maior espírito de liderança;

Comunicação horizontal mais acentuada;
Sentimentos positivos dos empregados em alta;
Maior atuação em grupos e consequente redução do individualismo;
Maior relacionamento interno entre os membros da equipe;
Menor competição interna;
Melhor critério na análise das responsabilidades reduzindo as punições injustas;
Ênfase no pensamento positivo e redução do negativismo.

A solução, portanto, seria atacar as duas principais causas, o espírito de liderança dos chefes e os sentimentos das pessoas.

A partir dessa constatação, estruturamos o processo de preparação de todos para atuação como equipes.

Os temas do capítulo "Preparação para Mudança", serviram de guia para preparação das equipes, ou seja:

Diferenças básicas entre "chefiar" e "liderar", só para os líderes;
Conscientização sobre o trabalho como necessidade natural do homem;
Conscientização sobre as vantagens da gestão participativa em relação à competitiva
Conscientização sobre a necessidade de enfrentar os desafios com serenidade;
Análise das diferenças básicas entre o animal e o ser humano, enfocando os aspectos da interação dos recursos de pensar e falar resultando em raciocínio;
Análise da evolução do homem atuando em grupos, partindo dos ancestrais dos tempos mais remotos até nossos dias;
Análise da capacidade do homem na mudança do mundo, exemplo da evolução do meio de transporte, partindo do uso do galho de árvore até a invenção do foguete;
Análise dos sentimentos das pessoas e suas reações;
Análise sobre o pensamento positivo e o negativo;
Análise sobre as diferenças entre dialogar e comunicar;
Análise sobre o ato de ouvir e escutar;
Análise entre somar e dividir esforços;
Análise sobre as diferentes atitudes das pessoas que podem

ajudar na soma dos esforços;
Análise sobre o convívio social dos membros de uma equipe;
Análise sobre as técnicas e ferramentas de trabalho.

A busca de parceiros para testar a solução

Vários diretores colocaram seus departamentos à disposição dizendo "o que fizerem para melhorar, nós apoiaremos". Com tal declaração, restou claro que eles não atuariam, situação difícil, porque voltava à estaca zero, ou seja, faltava demonstração da liderança, que seria a "alavanca" da mudança.
Dois diretores de regiões diferentes, se dispuseram a participar. Começamos os trabalhos com os chefes.

Na primeira região dois departamentos estavam dispostos a continuar, mesmo assim, em certo ponto, ainda no início da preparação dos chefes, um deles levantou, dirigindo aos superiores disse "já que vocês disseram que minha participação é espontânea, eu solicito a saída da minha equipe, porque meu método de gestão é diferente e não temos problemas, quando surge algum, fazemos alguma festinha fora da empresa e tudo volta ao normal". O outro departamento seguiu até o fim e iniciou as mudanças do método de gestão.

Na segunda região, todos participaram da preparação dos chefes, mas somente um se dispôs a implantar a gestão participativa, justamente o maior departamento com cerca de 300 pessoas.

Nos 2 departamentos, onde houve a implantação do método, o principal motivo era servir de modelo (como um protótipo) para os demais departamentos.

A gestão participativa agindo

Antes do término dos trabalhos de implantação começaram a surgir os resultados.

Na primeira região, no departamento menor, os clientes percebiam o entusiasmo dos empregados e que havia mudado a forma de relacionamento entre os empregados e também com os clientes. O Controle de Qualidade percebeu *uma redução drástica nos erros e cada dia reduzia mais.*

Na segunda região, no departamento maior, os empregados mencionavam que havia elogios dos clientes, ao entrar no edifício era perceptível a recepção calorosa, o comportamento dos seguranças havia mudado, estavam mais educados e solícitos, embora não pertencessem àquele departamento. Houve uma influência no ambiente de trabalho até em outros departamentos no mesmo edifício.

Os panfletos do sindicato "malhando" o chefe daquele departamento, que existiam no começo do trabalho de preparação, desapareceram, os banheiros estavam limpos, não havia mais papéis nos corredores, os ascensoristas cumprimentavam os passageiros, dentro dos elevadores não havia mais aquele silêncio desagradável.

Os dirigentes sindicais haviam visitado o local e entrevistaram os funcionários, estavam estarrecidos com as mudanças.

Na visita de um concorrente procurando saber mais sobre a "Qualidade Total", perceberam as diferenças.

O que é bom para uma empresa e empregados tem o momento certo para ser implantado

Quando concluímos os trabalhos com sucesso, a empresa estava se preparando para a venda e também fez uma alteração na cúpula, os novos dirigentes se recusaram tomar conhecimento dos resultados. Por algum tempo os 2 departamentos conseguiram levar adiante o novo método, até que os líderes foram trocados por novos chefes, que desconheciam a metodologia e voltou ao método competitivo novamente.

É importante reconhecer que sempre há o momento certo para fazer alteração numa empresa. Poderá ocorrer impedimento quando há uma mudança do controle acionário, ou a empresa está passando por dificuldades financeiras.

Quem tem conhecimento dessa situação é somente o dirigente máximo, portanto, não adianta ficar indignado pensando, "porque há algo tão óbvio que os executivos não quiseram ouvir ou enxergar". Dependendo da situação o mais sensato é permanecer como está.

É preciso considerar, também, que a gestão participativa ainda é novidade, não há empresas que a tenham implantado integralmente. Não se arrisca "o certo pelo duvidoso". Portanto, a adoção de uma nova metodologia, que altera totalmente a empresa, só será adotada após experimentos e comprovação.

www.ingramcontent.com/pod-product-compliance
Lightning Source LLC
Chambersburg PA
CBHW030639220526
45463CB00004B/1578